박문각

파이널 패스

핵심이론과 함께하는

100선

박문각 공인중개사
임의섭 부동산공시법령

브랜드만족
1위
박문각

근거자료
별면표기

20
24

〔시험에 딱 필요한 것만〕

스티브 섭스 임의섭

파이널패스 100선

목차

익힘장

1. 서두르지 말 것

2. 하나씩 할 것

3. 확실하게 할 것

한번에 합격합시다!

2024년 제35회 대비

답이 보이는 ·명·품·강·의·!

임의섭 (스티브섭스 서비쌤)의

공시법령 익힘장

− 합격을 위한 치트키(cheat key)! −

● 따라하면 100% 합격하는 익힘장 자료 활용법 ●

	1. 시험에 출제될 가능성이 매우 높습니다! 2. 가장 우선적으로 보아야 합니다! (무조건 **면과락!**)
	1. 시험에 출제될 가능성이 높습니다! 2. **+ α** 를 도모합니다! (**고득점** 가능!)

강 남 박 문 각

☎ 02−3476−3670

서비쌤의 각종 학습자료 활용법

1.유튜브(폰) "임의섭"

2.네이버밴드(폰) "임의섭"

3. 네이버 블로그(PC) "임의섭"

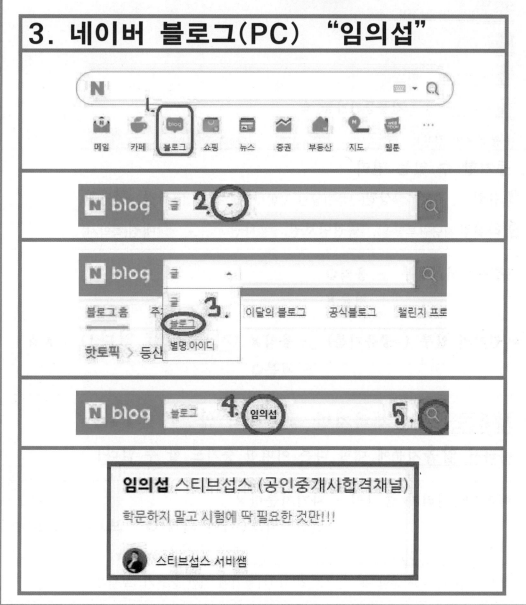

등기대상 (=등기사항)

1. 등기할 수 있는 물건(私權의 대상이 되는 부동산)

* 하천 (① 지목이 하천 또는 제방일 것 ② 용익권등기는 제외), 도로, 방조제 : 토지등기가능 ★

* 개방형축사 (벽×, 소(牛), 연면적 100㎡ 초과)

  고정식 농업용온실

  지붕 있는 컨테이너 패널 건축물

  비 각

  싸 이로(사일로)

  유 류저장탱크 : 건물등기가능 ★

  (구분건물의 경우) 전 유부분   부 속건물   (규약상)공용 부분   (구분)점포

2. 등기할 수 있는 권리

* 소유권,   지상권(구분지상권 포함), 지역권, 전세권, 저당권,

  권리질권(저당권부질권), 채권담보권, 임차권   + 환매권(특약시)

3. (부동산의) 일부 ┌ 용익○
        └ 처분✗

* 권리의 일부 (=공유지분) ┌ 용익✗ (지분 용익 없다!) ★★★
        └ 처분○

4. 합유지분 : 존재하지만 등기하지 않는다! ★★★
따라서 합유지분에 대한 다른 어떠한 등기도 할 수 없다!

5. 여러 명 권리자 중 1인 ┌ 자기지분만✗
        └ 전원명의로(=1이 되게)○ : 보존등기. 상속등기

(일부)지분만 보 존등기 상 속등기 (할 수)없다! ★★★

이외에는 (일부)지분만 등기할 수 있다! (가등기에 기한 본등기, 포괄유증등기)

1. 특례법에 따라 일정한 요건을 갖춘 경우 부동산등기의 대상이 될 수 있는 것은?
   [21회]
① 방조제의 부대시설물인 배수갑문   ② 컨테이너   ③ 옥외 풀장
④ 주유소의 닫집(캐노피)   ⑤ 개방형 축사

🖹⑤ 「축사의 부동산등기에 관한 특례법」에 따라 "개방형 축사"는 등기능력이 인정된다.

2. 등기가 가능한 것은? [24회]
① 甲소유 농지에 대하여 乙이 전세권설정등기를 신청한 경우
② 甲과 乙이 공유한 건물에 대하여 甲지분만의 소유권보존등기를 신청한 경우
③ 공동상속인 甲과 乙 중 甲이 자신의 상속지분만에 대한 상속등기를 신청한 경우
④ 가압류결정에 의하여 가압류채권자 甲이 乙소유 토지에 대하여 가압류등기를 신청한 경우
⑤ 가등기가처분명령에 의하여 가등기권리자 甲이 乙소유 건물에 대하여 가등기신청을 한 경우

🖹⑤ 가등기가처분명령서정본에 의한 가등기권리자의 단독신청에 의하여 가등기가 가능하다.

3. 등기를 할 수 없는 것은? [23회]
① 지상권을 목적으로 하는 근저당권   ② 부동산의 합유지분에 대한 가압류
③ 부동산의 공유지분에 대한 처분금지가처분   ④ 등기된 임차권에 대한 가압류
⑤ 전세권에 대한 가압류

🖹② 공유의 경우에는 그 지분을 등기할 수 있으므로 공유지분에 대한 가압류등기가 가능하나, 합유의 경우에는 그 지분을 등기할 수 없으므로 합유지분에 대한 가압류등기는 할 수 없다.

4. 등기에 관한 설명으로 틀린 것은? [23회]
① 사권(私權)의 목적이 되는 부동산이면 공용제한을 받고 있다 하더라도 등기의 대상이 된다.
② 1필지 토지의 특정된 일부분에 대하여 분할을 선행하지 않으면 지상권을 설정하지 못한다.
③ 건물의 공유지분에 대하여는 전세권등기를 할 수 없다.
④ 1동의 건물을 구분 또는 분할의 절차를 밟기 전에도 건물 일부에 대한 전세권설정등기가 가능하다.
⑤ 주위토지통행권은 확인판결을 받았다 하더라도 등기할 수 없다.

🖹② 지상권과 같은 용익물권은 1필지의 일부에 설정할 수 있으므로 분할을 선행하지 않아도 된다.

●● 1문제 등기형식 (주등기 vs 부기등기)

1. **[언제나 주등기]** (보. 말. 표. 주등기) 　① 소유권**보**존등기 　② **말**소등기 　③ **표**제부등기 (1. 부동산표시변경등기 (지목변경, 증축, 구조변경, 분할, 합병 등) 　　　　　　　　　 2. 멸실등기　　　　　　　　　　　　　　　　　　　　　)
2. **[언제나 부기등기]** (명. 약. 가이. 부기등기) 　① 등기**명**의인표시변경등기 　② **약**정(특약)등기 　③ **가**등기에 대한 **이**전 · 처분제한등기(판)
3. **[소**유권을 대상으로 하는 경우 **주**등기형식으로 　 소유권 **외**의 권리를 대상으로 하는 경우 **부**기등기형식으로] 　① **설**정등기 　② **이**전등기 　③ **처**분제한등기(판)　　 (설. 이. 처제. 소주 외부(에)?)
4. **[전**부에 대한 경우 **주**등기형식으로 　 일부에 대한 경우 **부**기등기형식으로] 　: 말소**회복**등기　　　 (전. 주. 일. 부. 회복)
5. (원칙적)**부기등기** [이해관계인의 승낙이 없는 경우에는 주등기] 　: **권리변경등기**
6. **본등기의 형식대로.** 　: **가등기**

5. 부기등기에 관한 설명으로 틀린 것을 모두 고른 것은? [21회]

> ㉠ 지상권설정등기는 부기등기로 실행한다.
> ㉡ 환매권의 이전등기는 부기등기의 부기등기로 실행한다.
> ㉢ 권리변경의 등기는 등기상 이해관계인의 승낙을 얻으면 부기등기로 실행할 수 있다.
> ㉣ 1개의 주등기에 여러 개의 부기등기가 있는 경우 그 부기등기 상호간의 순위는 그 등기 순서에 의한다.
> ㉤ 소유권처분제한의 등기는 부기등기로 실행한다.

① ㉠, ㉡　　　　② ㉡, ㉢　　　　③ ㉢, ㉣　　　　④ ㉣, ㉤　　　　⑤ ㉠, ㉤

답⑤ ㉠ 지상권설정등기는 주등기로 실행한다. ㉤ 소유권처분제한의 등기는 주등기로 실행한다.

6. 부기등기를 하는 경우가 아닌 것은? [22회]
① 등기명의인이 개명(改名)한 경우에 하는 변경등기
② 공유물을 분할하지 않기로 하는 약정의 등기
③ 지상권의 이전등기
④ 전세권을 목적으로 하는 저당권의 설정등기
⑤ 등기의 전부가 말소된 경우 그 회복등기

🖐⑤ 등기의 전부가 말소된 경우, 그 회복등기(전부말소회복등기)는 주등기로 한다.

7. 등기상 이해관계 있는 제3자의 승낙이 없으면 부기등기가 아닌 주등기로 해야
   하는 것은?[23회]
① 소유자가 주소를 변경하는 등기명의인 표시의 변경등기
② 근저당권을 甲에서 乙로 이전하는 근저당권이전등기
③ 전세금을 9천만원에서 1억원으로 증액하는 전세권변경등기
④ 등기원인에 권리의 소멸에 관한 약정이 있을 경우, 그 약정에 관한 등기
⑤ 질권의 효력을 저당권에 미치도록 하는 권리질권의 등기

🖐③ 권리변경등기를 찾으면 된다.

8. 부기등기할 사항이 아닌 것은? [28회]
① 저당권 이전등기② 전전세권 설정등기③ 부동산의 표시변경등기
④ 지상권을 목적으로 하는 저당권설정등기
⑤ 소유권 외의 권리에 대한 처분제한의 등기

🖐③ 표제부의 등기는 2007년 이후로 주등기로만 실행하고 있다.
①②④⑤ 법 제52조

9. 부기등기를 하는 경우가 아닌 것은?[30회]
① 환매특약등기
② 권리소멸약정등기
③ 전세권을 목적으로 하는 저당권설정등기
④ 저당부동산의 저당권실행을 위한 경매개시결정등기
⑤ 등기상 이해관계 있는 제3자의 승낙이 있는 경우, 권리의 변경등기

🖐④ 저당부동산의 "소유권"에 대한 경매개시결정등기를 뜻하므로 갑구에 주등기의 형식으로 실행한
다.

1. (종국)등기의 효력 : **순**위확정적 **물**권변동적 **대**항적 **추**정적 **점**유적 **형**식적

〈Hint〉 점유추정력✗ (적'자가 '없다'로 기억!) 점유**적**효력O 추정**적**효력O ('적'자가 '있다' 로 기억!)

* **권리**, **원인**, **절차**에 대한 적법 **추정**(판)

* 현 소유자(乙)등기의 추정력이 전소유자(甲)에게도 미친다(판). ★

 (= 권리변동의 당사자간에도 추정력이 미친다)

* **가**(=임시=예비=효력✗)**등기**, **표제부**(=표시)**등기 : 추정력이 없다!** ★★★

* 등기의 공신력 : 절대적 부정(통,판), 진정한 권리자 보호

2. 등기의 효력시기 : 완료 후 접수(=저장)**시로 소급** ★★

3. 5대 무효등기

> **1. 관할**을 위반(제1호)한 등기,
>
> **2. 사건**이 등기할 것이 아닌 경우(제2호)의 등기
>
> 등기능력 없는, 법령근거 없는, 전유부분 대지사용권 분리, 농지 전세권, 저당권 피담보채권 분리, 일부지분 보존등기, 일부지분 상속등기, 촉탁등기를 신청, 다시 보존등기. 불법말소등기, 허무인명의 등기, 명백한 부실등기(지분의 합이 1을 초과하는 등기)
>
> **3. 계약**이 없음에도 위조한 계약서에 의한 등기(예: 가장 매매)
>
> **4. 허가**구역 중간생략등기
>
> **5. 멸실**등기(표제부등기)의 유용

**외의 등기는 처벌되더라도 등기는 무효가 아니다. 즉 유효등기이다.
(이 유효라는 의미가 해도 되는 등기라는 의미는 아님을 주의).**

10. 등기의 효력에 관한 설명으로 옳은 것은? (다툼이 있으면 판례에 따름) [21회]

① 실체적 권리관계의 소멸로 인하여 무효가 된 담보가등기라도 이해관계 있는 제3자가 있기 전에 다른 채권담보를 위하여 유용하기로 합의하였다면 그 등기는 유효하다.

② 건물 멸실로 무효인 소유권보존등기라도 이해관계 있는 제3자가 있기 전에 신축건물에 유용하기로 합의한 경우에는 유효하다.

③ 甲소유 미등기 부동산을 乙이 매수하여 乙명의로 한 소유권보존등기는 무효이다.

④ 부동산을 증여하였으나 등기원인을 매매로 기록한 소유권이전등기는 무효이다.

⑤ 토지거래허가구역 내의 토지에 관하여, 중간생략등기의 합의하에 최초 매도인과 최종 매수인을 당사자로 하는 토지거래허가를 받아 최초 매도인으로부터 최종 매수인 앞으로 한 소유권이전등기는 유효하다.

🖉① 무효등기 유용은 유효(판) cf. 멸실(표제부)의 유용은 무효(판)

1. <u>보 · 상 · 신 · 표시 · 판 · 법인합병</u> 단독신청(뿐)! ★★★
   - 소유권<u>보</u>존등기 ┌ 소유권보존등기 : 등기명의인으로 될 자
                        └ 소유권보존등기의 말소등기 : 등기명의인
   - <u>상</u>속등기 : 상속인
   - <u>신</u>탁등기 : 수탁자
   - <u>표시</u>등기 ┌ 부동산표시변경등기 : 소유권의 등기명의인
                  └ 등기명의인표시변경등기 : 해당 권리의 등기명의인
   - <u>판</u>결에 의한 등기 : 승소한 자
   - <u>법인합병</u> : 합병 후 존속하는 법인

2. 원칙적으로 단독신청이나 예외적 공동신청도 가능한 경우
* <u>촉</u>탁등기(법98조)(의무자 승낙을 받아 권리자로 촉탁, 권리자 청구에 따라 의무자로 촉탁)
* <u>수</u>용등기에는 "등기권리자"의 단독신청이 가능한 특칙(법99조).

3. 말소등기에서 예외적 단독신청
* 말소등기(<u>권리소멸약정</u>, <u>소재불명</u>(제권판결로만 가능), <u>혼동</u>)

4. 가등기에서 예외적 단독신청(<u>승낙서</u>, <u>가등기가처분명령서</u>)

※ <u>유증등기가 공동신청임은 특별히 기억할 것!</u>

11. 단독으로 신청할 수 있는 등기를 모두 고른 것은?(단, 판결에 의한 신청은 제외)[27회]

> ㉠ 소유권보존등기의 말소등기
> ㉡ 근저당권의 채권최고액을 감액하는 변경등기
> ㉢ 법인합병을 원인으로 한 저당권이전등기
> ㉣ 특정유증으로 인한 소유권이전등기
> ㉤ 승역지에 지역권설정등기를 하였을 경우, 요역지지역권등기

① ㉠, ㉢   ② ㉠, ㉣   ③ ㉡, ㉣   ④ ㉠, ㉢, ㉤   ⑤ ㉢, ㉣, ㉤

답①
㉠ 등기명의인이 단독으로 신청한다. ㉡ 설정등기는 공동으로 신청한다. ㉢ 합병 후 존속하는 법인이 단독으로 신청한다. ㉣ 유증등기는 공동으로 신청한다. ㉤ 요역지지역권등기는 등기관이 직권으로 한다.

● 0~1문제 등기명의인

"등기명의인이 안돼요!"

태아 (판례 ; 정지조건설 ➡ 인간이 아니다)

(민법상) **조**합 (계약일 뿐 ➡ 단체가 아니다)

학교 (시설일 뿐 ➡ 단체가 아니다)

읍 면 동 리 (조직일 뿐 ➡ 단체가 아니다)

등록 안 된 사찰 (단체가 아니다)

본부 지부 지회 (단체가 아니다)

(태. 조. 학교. 읍. 등. 본. 안돼요!)

cf. 등기신청적격 (= 등기(신청의) 당사자능력) (= 등기명의인이 될 수 있는 자격)

인간(자연인)**이거나 단체**(법인, 비법인)**면 등기신청적격이 있다!**

12. 등기당사자능력에 관한 설명으로 옳은 것은? (다툼이 있으면 판례에 따름) [28회]
① 태아로 있는 동안에는 태아의 명의로 대리인이 등기를 신청한다.
② 민법상 조합은 직접 자신의 명의로 등기를 신청한다.
③ 지방자치단체와 같은 공법인은 직접 자신의 명의로 등기를 신청할 수 없다.
④ 사립학교는 설립주체가 누구인지를 불문하고 학교 명의로 등기를 신청한다.
⑤ 법인 아닌 사단은 그 사단의 명의로 대표자나 관리인이 등기를 신청한다.

탑⑤ 부동산등기법 제26조 제2항 ① 태아의 명의로 등기할 수 없다.② 민법상 조합의 명의로 등기할 수 없다.③ 지방자치단체의 명의로 등기할 수 있다.④ 학교의 명의로 등기할 수 없다.

13. 부동산등기법상 등기의 당사자능력에 관한 설명으로 틀린 것은? [32회]
① 법인 아닌 사단(社團)은 그 사단 명의로 대표자가 등기를 신청할 수 있다.
② 시설물로서의 학교는 학교 명의로 등기할 수 없다.
③ 행정조직인 읍 · 면은 등기의 당사자능력이 없다.
④ 민법상 조합을 채무자로 표시하여 조합재산에 근저당권 설정등기를 할 수 있다.
⑤ 외국인은 법령이나 조약의 제한이 없는 한 자기 명의로 등기신청을 하고 등기명의인이 될 수 있다.

탑④ 민법상 조합은 단체가 아니라 동업계약에 불과하므로 권리자(근저당권자, 채권자)도 될 수 없고, 의무자(채무자)도 될 수 없다.

1. 등기원인증명정보(종래의 등기원인증서보다 넓은 개념)

♣ 등기원인이 없는 소유권보존등기, 진정명의회복등기의 경우에도 제공된다(2011.10.13.~).
　　　　　　　최초소유권증명　　　　확인서

2. 농지취득자격증명O : 농지의 증여. 매매. 교환. 신탁

　농지취득자격증명✗ : 국가·지자체가 취득. 진정명의회복. 시효취득. 상속. 가등기.

3. 토지거래허가서O : 소유권이전등기. 소유권이전가등기.

　　　　　　　　　지상권설정등기. 지상권설정가등기.

　　　　　　　　　지상권이전등기. 지상권이전가등기.

　토지거래허가서✗ : 국가·지자체가 취득. 진정명의회복. 시효취득. 상속. 무상(증여. 신탁).

4. 이해관계인의 승낙서 : ① 권리변경등기 : 부기등기요건

　　　　　　　　　　　② 말소등기, 말소회복등기 : 가부요건

　　　　　　　　　　　③ 표제부등기 : 불요

5. 주소증명정보 :

　① 보존등기, 설정등기, 이전등기, 권리자 추가 변경등기 ⋯ 등기권리자
　(= 새로 등기명의인이 되는 등기권리자)
　② 단, 소유권이전등기는 등기의무자도.

6. 대장등본: ① 소유권보존등기 ② 소유권이전등기 ③ 부동산표시변경등기 ④ 멸실등기

7. (부동산) 등기용 등록번호의 부여[부동산등기법 제49조]

국가, 지방자치단체, 국제기관, 외국정부	국토교통부장관
외국인	체류지를 관할하는 지방출입국 또는 외국인관서의 장
법인 (외국법인 포함)	주된 사무소 소재지 관할 등기소의 등기관
주민등록번호가 없는 재외국민	대법원 소재지 관할 등기소의 등기관
비법인 (등기안한 외국법인 포함)	(관할의 제한이 없음) 시장, 군수 또는 구청장

〈암기법〉 국국.외외.에서 법.주.마신 주.대.는 비.시.카드로

8. 외국 공문서 : 영사의 확인을 받거나 아포스티유(Apostille ; 문서를 해외에서 사용할 때 붙이는 인증)를 붙여야 한다.(2017.10.1.시행)

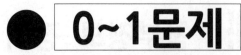 ● 0~1문제 (첨부정보) 인감증명

---

1. 등기신청시 인감증명을 제공하는 경우

   ① 소유권 등기명의인이 등기의무자로서 등기를 신청하는 경우

   ② 소유권 가등기명의인이 가등기의 말소등기를 신청하는 경우

   ③ "등기필정보가 없어" 구제되는 모든 경우에 인감증명 제공

   ④ 협의분할 상속등기시 상속인 전원의 인감증명 제공

   ⑤ 위 ①~④의 경우 인감증명을 제출하여야 하는 자가 다른 사람에게 권리의 처분권한을 수여한 경우 그 대리인의 인감증명을 함께 제공

   ⑥ 매매의 경우 : 반드시 부동산매도용인감증명

      매매 이외   : 용도 불문 (따라서 매도용을 써도 가능)

2. 등기신청시 인감증명을 제공하지 않는 경우

   ① 소유권 이외의 권리의 등기명의인이 등기의무자인 경우

   ② 인감증명을 제출하여야 하는 자가 국가 또는 지방자치단체인 경우

   ③ 전자신청을 하는 경우

   ④ 확인서 협의서 동의서 승낙서가 공정증서이거나 공증인의 인증을 받은 서면인 경우

   ⑤ 등기의무자가 존재하지 않는 경우(보존등기, 상속등기, 표시등기)

---

14. 부동산등기 신청시 제출하는 인감증명에 관한 설명으로 틀린 것은?[35회 예상]

① 소유권의 등기명의인이 등기의무자로서 등기신청을 하는 경우 등기의무자의 인감증명을 제출하여야 한다.

② 소유권의 등기명의인이 등기의무자로서 등기신청을 하는 경우 등기의무자가 다른 사람에게 권리의 처분권한을 수여한 경우 본인의 인감증명 외에 그 대리인의 인감증명을 함께 제공하여야 한다.

③ 소유권 외의 권리의 등기명의인이 등기의무자로서 등기필정보가 없어 확인조서로 구제될 때에는 등기관이 직접 그 본인임을 확인하였으므로 등기의무자의 인감증명을 제출할 필요가 없다.

④ 협의분할상속등기를 신청하는 경우 분할협의서에 날인한 상속인 전원의 인감증명을 제출하여야 한다.

⑤ 소유권에 관한 가등기명의인이 가등기의 말소등기를 신청하는 경우 가등기명의인의 인감증명을 제출하여야 한다.

🖐③ 등기필정보가 없어 구제되는 모든 경우(확인조서, 확인정보, 공증정보)에 등기의무자의 인감증명을 제출한다.(2019.1.1.~)

① 등기능력 없는

* 등기하지 않는 물건.
* 등기하지 않는 권리.
* 가등기에 의한 본등기를 금지하는 가처분등기.
* 물권적청구권을 보전하려는 가등기

② 법령 근거 없는

③ 전유부분 대지사용권 분리

* 대지권설정 후 토지에 처분등기를 신청
* 대지권설정 후 건물만에 대한 처분등기를 신청

④ 농지 전세권

⑤ 저당권 피담보채권 분리

⑥ 일부지분 보존등기

⑦ 일부지분 상속등기

⑧ 촉탁등기를 신청

* 가압류등기를 신청

⑨ 다시 보존등기 (중복보존등기)

⑩ 그 밖에 등기사건이 아닌 경우
   * 부동산의 일부만 보존등기
   * 부동산의 일부만 처분등기
   * 지분에 대한 용익권설정등기
   * 환매특약등기를 소유권이전등기와 동신신청하지 않은 경우
   * 구분건물등기에서 동시신청하지 않은 경우
        〈주의〉 신탁등기를 권리등기와 동시신청하지 않은 경우는
               5호(방식위배)로 각하됨을 주의!

15. 「부동산등기법」 제29조 제2호의 '사건이 등기할 것이 아닌 경우'에 해당하는 것들의 묶음으로 옳은 것은? [15회]

> ㉠ 가등기상의 권리의 처분을 금지하는 가처분등기
> ㉡ 가등기에 기한 본등기금지의 가처분등기
> ㉢ 가처분등기 후 그에 반하는 소유권이전등기
> ㉣ 공유지분에 대한 전세권설정등기
> ㉤ 일부 공유자의 자기 지분만에 대한 보존등기
> ㉥ 공동상속인 중 일부의 자기 상속지분만에 관한 상속등기
> ㉦ 권리질권

① ㉠, ㉡, ㉢, ㉥ ② ㉡, ㉣, ㉤, ㉥ ③ ㉠, ㉣, ㉤, ㉦ ④ ㉣, ㉥, ㉦ ⑤ ㉢, ㉣, ㉤

답② ㉡ 가등기에 기한 본등기금지의 가처분등기, ㉣ 공유지분에 대한 전세권설정등기, ㉤ 일부 공유자의 자기 지분만에 대한 보존등기, ㉥ 공동상속인 중 일부의 자기 상속지분만에 관한 상속등기는 할 수 없다. 그러나 ㉠ 가등기상의 권리의 처분을 금지하는 가처분등기, ㉢ 가처분등기 후 그에 반하는 소유권이전등기, ㉦ 권리질권등기는 할 수 있다.

16. 등기신청의 각하사유가 아닌 것은? [26회]
① 공동가등기권자 중 일부의 가등기권자가 자기의 지분만에 관하여 본등기를 신청한 경우
② 구분건물의 전유부분과 대지사용권의 분리처분 금지에 위반한 등기를 신청한 경우
③ 저당권을 피담보채권과 분리하여 양도하거나, 피담보채권과 분리하여 다른 채권의 담보로 하는 등기를 신청한 경우
④ 이미 보존등기된 부동산에 대하여 다시 보존등기를 신청한 경우
⑤ 법령에 근거가 없는 특약사항의 등기를 신청한 경우

답① 자기지분만 본등기 할 수 있다.

17. 등기관이 등기신청을 각하해야 하는 경우를 모두 고른 것은?[30회]

> ㉠ 일부지분에 대한 소유권보존등기를 신청한 경우
> ㉡ 농지를 전세권의 목적으로 하는 등기를 신청한 경우
> ㉢ 법원의 촉탁으로 실행되어야 할 등기를 신청한 경우
> ㉣ 공동상속인 중 일부가 자신의 상속지분만에 대한 상속등기를 신청한 경우
> ㉤ 저당권을 피담보채권과 분리하여 다른 채권의 담보로 하는 등기를 신청한 경우

① ㉠, ㉡, ㉤ ② ㉠, ㉢, ㉣ ③ ㉠, ㉢, ㉣, ㉤ ④ ㉡, ㉢, ㉣, ㉤ ⑤ ㉠, ㉡, ㉢, ㉣, ㉤

답⑤ ㉠㉡㉢㉣㉤ 모두가 각하해야 하는 경우이다.

● 0~1문제 등기필정보

1.등기신청 시 등기필정보(또는 등기필증)을 "제공"하는 경우(2가지)
신청정보   첨부정보

① **공동신청**시 등기의무자

② **승소한 등기의무자**의 판결에 의한 단독신청시 등기의무자

18. 등기의무자의 등기필정보의 제공에 관한 설명으로 틀린 것은? [20회 변형]

① 소유권이전등기를 신청하여 등기필정보를 통지받은 자가 그 소유권을 양도하기 위하여 이전등기를 신청할 경우, 등기필정보를 제공한다.

② 유증을 원인으로 하는 소유권이전등기를 신청할 경우, 등기필정보의 제공을 요하지 않는다.

③ 소유권보존등기 또는 상속으로 인한 소유권이전등기를 신청할 경우, 등기필정보의 제공을 요하지 않는다.

④ 등기권리자가 판결에 의하여 소유권이전등기를 신청할 경우, 등기필정보의 제공을 요하지 않는다.

⑤ 승소한 등기의무자가 단독으로 소유권이전등기를 신청할 경우, 등기필정보를 제공하여야 한다.

🖋② 유증으로 인한 소유권이전등기는 공동신청이므로, 등기필정보를 제공하여야 한다.

---

2. 등기완료 후 등기필정보를 "작성·통지"하는 경우(3가지)

① **"새로운 권리에 관한 등기를 마친 경우"**

  [보.설.이.추가. 등기권리자(승소한 등기권리자의 판결등기 포함)**]**

② **(설정·이전) 가등기**

③ **관공서가 "등기권리자를 위하여" 등기를 촉탁**

19. 등기필정보에 관한 설명으로 틀린 것은?[30회]

① 승소한 등기의무자가 단독으로 등기신청을 한 경우, 등기필정보를 등기권리자에게 통지하지 않아도 된다.

② 등기관이 새로운 권리에 관한 등기를 마친 경우, 원칙적으로 등기필정보를 작성하여 등기권리자에게 통지해야 한다.

③ 등기권리자가 등기필정보를 분실한 경우, 관할 등기소에 재교부를 신청할 수 있다.

④ 승소한 등기의무자가 단독으로 권리에 관한 등기를 신청하는 경우, 그의 등기필정보를 등기소에 제공해야 한다.

⑤ 등기관이 법원의 촉탁에 따라 가압류등기를 하기 위해 직권으로 소유권보존등기를 한 경우, 소유자에게 등기필정보를 통지하지 않는다.

🖋③"등기필정보 및 등기완료통지서는 종래의 등기필증을 대신하여 발행된 것으로 분실시 재발급되지 아니한다.

● 0~1문제 이의

---

1. 각하결정에 대하여는 사유불문하고 신청인에 한하여 이의신청○
   실행처분에 대하여는 1호나 2호에 한하여 이의신청○

---

2. 이의신청은 관할 지방법원에, 이의신청서는 당해 등기소에.

---

3. 부당의 판단기준시점 : 결정·처분 당시를 기준(이의심사시가 아님).

---

4. 새. 구두. 집. 기. 이유. ••• 없다!

 ① 결정 처분 당시에 없었던 새로운 사실이나 증거방법으로는 할 수 **없다**.

 ② 구두 (= 구술)로는 할 수 **없다**.

 ③ 집행정지의 효력이 **없다**.

 ④ 기간의 제한이 **없다**.

 ⑤ "이유 없다" 의 경우 이의신청 가능.

---

20. 등기관의 처분에 대한 이의신청에 관한 내용으로 틀린 것은? [26회]
① 이의신청은 새로운 사실이나 새로운 증거방법을 근거로 할 수 있다.
② 상속인이 아닌 자는 상속등기가 위법하다 하여 이의신청을 할 수 없다.
③ 이의신청은 구술이 아닌 서면으로 하여야 하며, 그 기간에는 제한이 없다.
④ 이의에는 집행정지의 효력이 없다.
⑤ 등기신청의 각하결정에 대한 이의신청은 등기관의 각하결정이 부당하다는 사유로 족하다.

📖① 새로운 사실이나 새로운 증거방법을 근거로 이의신청을 할 수 없다(법 제102조).

● ‖0~1문제‖ 집합건물등기

1. 구분건물의 객관적 요건(구조상 및 이용상 독립성)**을 갖춘 경우에도 구분건물로 등기할지 일반건물로 등기할지는 건물소유자의 의사에 의한다.**

구조상 공용부분	등기✗ (복도, 계단, 엘리베이터, 수도설비, 가스설비, 배전설비, 옥상위 물탱크 등)
규약상 공용부분 (관리소, 노인정 등)	공용부분이라는 뜻의 등기 전유부분처분에 수반하는 것으로 규율하므로(등기없이 물권변동. 민법 제187조) 갑구와 을구를 둘 필요성이 없어 표제부만을 둔다.
규약상 공용부분 ↓ 전유부분 (공동규약을 폐지하는 등기)	공용부분이라는 뜻의 등기의 말소 공동규약을 폐지하는 경우 그 성질은 지분의 이전이지만 갑구가 없었으므로 새로운 취득자가 소유권보존등기를 하여야 한다(법 제47조제2항). 이 경우 표제부의 공용부분이라는 뜻의 기록을 지운다(규칙 제104호제5항).

2. 집합건물등기부 : 대지권등기(표제부, 신청, 주등기형식)

1동건물 표제부

1동의 건물의 표시	(소재 지번 건물명칭 건물번호 건물내역)
대지권의 목적인 토지의 표시	(소재 지번 지목 면적)

전유부분 표제부

전유부분의 건물의 표시	(~~소재 지번~~ 건물명칭 건물번호 건물내역)
대지권의 표시	(대지권종류 대지권비율)

3. 대지권이라는 뜻의 등기 (토지등기부, 갑구나 을구, 직권, 주등기)

4. '대지권에 대한 등기로서의 효력이 있는 등기' 와 '대지권의 목적인 토지의 등기기록 중 해당구에 한 등기' 의 순서는 접수번호에 따른다.

5. 대지권의 설정의 의미

= **대지권등기** (집합건물등기부) + **대지권이라는 뜻**의 등기(토지등기부)

= 건물(전유부분)과 토지(대지사용권)가 **같이 처분**된다는 의미

= 토지등기부에는 별도의 처분등기를 하지 않게 됨!

　➔ 토지에 대한 처분등기는 신청하면 2호 각하

　　(여기서의 처분등기 : 소유권이전등기, 저당권설정등기, 압류등기, 가압류등기, 가등기)

　　　　가처분등기는 해당하지 않음을 주의!

= 집합건물등기부에 처분등기를 하면 대지권인 토지권리도 같이 처분!

　➔ 건물만을 처분하려는 등기는 신청하면 2호 각하

<보충> **등기 one point lesson**

<등기명의인표시변경등기> ★

one point lesson
등기명의인표시변경등기는 언제나 부기등기로 실행한다.
　예 : 소유권에 관한 등기명의인표시변경등기는 주등기에 의한다.(✖)

<권리변경등기> ★★★

one point lesson
전세금을 증액하는 경우의 전세권변경등기시 후순위 저당권자는 이해관계인이므로 그의 승낙을 얻은 경우 부기등기로, 얻지 못한 경우 주등기로 실행한다.

<말소등기> ★★★

one point lesson
가등기에 기한 본등기시 중간등기의 말소(여기서의 직권말소 : 말소 후 통지)

one point lesson
　말소등기시 말소할 등기를 목적으로 하는 제3자 등기의 말소
＝ 이해관계인의 승낙을 첨부하여 말소등기시 이해관계인 등기의 말소
＝ 주등기 말소시 부기등기의 말소

one point lesson
말소등기 신청시 이해관계인이 있으면 그의 승낙서를 제공하여야 한다. 판결에 의한 말소등기도 신청등기이므로 이해관계인의 승낙을 요한다. 하지만 집행법원의 촉탁에 의한 말소등기는 이해관계인의 승낙을 요하지 아니한다.

<말소회복등기> ★

one point lesson
본등기시 직권말소되었던 중간처분등기를 판결에 의한 본등기말소를 통해 회복하는 경우 그 말소회복등기는 판결에서 승소한 자의 단독신청에 의한다. (✖)
➜ 말소회복등기는 장단을 맞추는 등기이다.
　즉 직권으로 말소되었기에 그 회복도 직권으로 된다.

 **1문제** (소유권) **보존등기**

---

1. 등기원인 및 그 연월일 : ✗

　 등기의무자 : ✗ (→ 단독신청, 등기권리증✗ 인감증명✗, 가등기✗)

---

2. 소유권증명정보

토지소유권보존등기	건물소유권보존등기
대장('국'으로부터 소유권이전등록)	대장
판결(국가를 상대로 한 소유권확인판결)	판결
수용	수용
	특별자치도지사 · 시장 · 군수 · 구청장의 확인

　* 미등기 **토지**에 대하여 보존등기를 신청할 수 없는 경우?

　 (= **건물만** 보존등기가 가능한 경우?)

　 (= "**특**별자치도지사 · **시**장 · **군**수 · **구**청장(자치구)"의 확인)

　* 미등기 **건물**에 대하여 보존등기를 신청할 수 없는 경우?

　 (= **토지만** 보존등기가 가능한 경우?)

　 (= "**국가**"를 상대로 한 판결)

---

3. 미등기부동산 포괄유증: 포괄수증자명의보존등기 할 수 있다.

　미등기부동산 특정유증 : 상속인명의보존등기 이후 유증등기하여야 한다.

---

4. 미등기부동산에 대하여 (법원의 촉탁에 따라) (소유권의) **처분제한의 등기**

（ 경매개시결정등기, 가압류등기, 가처분등기, 임차권명령등기 ）**를 할 때에는 직권으로 소유권보존등기!**

---

21. 미등기 토지에 대하여 자기 명의로 소유권보존등기를 신청할 수 없는 자는? [18회 변형]

① 토지대장상 최초 소유자의 상속인

② 특별자치도지사 · 시장 · 군수 · 구청장(자치구)의 확인으로 소유권을 증명하는 자

③ 판결에 의하여 자기의 소유권을 증명하는 자

④ 수용으로 인하여 소유권을 취득하였음을 증명하는 자

⑤ 미등기토지의 지적공부상 '국(國)'으로부터 소유권이전등록을 받은 자

설문은 건물만 보존등기가 가능한 경우를 묻고 있다. 따라서 답② 특별차지도지사 · 시장 · 군수 · 구청장의 확인 을 찾으라는 문제가 된다.

22. 소유권보존등기에 관한 설명으로 옳은 것은?[29회]
① 보존등기에는 등기원인과 그 연월일을 기록한다.
② 군수의 확인에 의하여 미등기 토지가 자기의 소유임을 증명하는 자는 보존등기를 신청할 수 있다.
③ 등기관이 미등기 부동산에 관하여 과세관청의 촉탁에 따라 체납처분으로 인한 압류등기를 하기 위해서는 직권으로 소유권보존등기를 하여야 한다.
④ 미등기 토지에 관한 소유권보존등기는 수용으로 인하여 소유권을 취득하였음을 증명하는 자도 신청할 수 있다.
⑤ 소유권보존등기를 신청하는 경우 신청인은 등기소에 등기필정보를 제공하여야 한다.

답④ 수용의 경우 소유권이전등기로 한다(원칙). 단, 미등기의 경우, 수용을 원인으로 하는 소유권보존등기를 할 수 있다(예외).
① "기록한다"를 "기록하지 아니 한다"로 고쳐야 옳다. ② "토지"를 "건물"로 고쳐야 옳다. ③ "하여야 한다"를 "하는 경우가 아니다"로 고쳐야 옳다. ⑤ "하여야 한다"를 "하지 아니 한다"로 고쳐야 옳다.

23. 소유권보존등기에 관한 설명으로 틀린 것은?[30회]
① 토지에 대한 소유권보존등기의 경우, 등기원인과 그 연월일을 기록해야 한다.
② 토지에 대한 기존의 소유권보존등기를 말소하지 않고는 그 토지에 대한 소유권보존등기를 할 수 없다.
③ 군수의 확인에 의해 미등기 건물이 자기의 소유임을 증명하는 자는 소유권보존등기를 신청할 수 있다.
④ 건물소유권보존등기를 신청하는 경우, 건물의 표시를 증명하는 첨부정보를 제공해야 한다.
⑤ 미등기 주택에 대해 임차권등기명령에 의한 등기촉탁이 있는 경우, 등기관은 직권으로 소유권보존등기를 한 후 임차권등기를 해야 한다.

답① 등기관이 소유권보존등기를 할 때에는 등기원인과 그 연월일을 기록하지 아니한다(법 제64조).

<지상권등기> ★
1. 특유한 필요적 신청정보 : 목적. 범위.
2. 불확정기간 가능O
3. 구분지상권등기 가능O

<지역권등기> ★
1. 특유한 필요적 신청정보 : 목적. 범위. 요역지·승역지표시
2. 대가, 존속기간, 지역권자 : 등기✗ (지역권등기에 대.기.권자. 없다!)
3. 지역권이전등기✗ (∵지역권의 수반성). 수반성 배제 특약도 가능.

<전세권등기> ★★
1. 특유한 필요적 신청정보 : 전세금. 범위.
2. 전세금반환채권의 일부양도를 원인으로 하는 전세권일부이전등기 (부기등기형식)를 할 때에는 양도액을 기록한다.
3. 전세권일부이전등기의 신청은 전세권의 존속기간의 만료 전에는 할 수 없다. 다만, 존속기간 만료 전이라도 (소멸청구나 소멸통고로 인하여) 해당 전세권이 소멸하였음을 증명하면 가능하다.

<임차권등기> ★
1. 임차권설정등기의 특유한 필요적 신청정보 : 차임, "범위" ★
2. 불확정기간 가능O
3. 구분임차권등기✗ (∵규정✗)
4. 임차권설정등기 vs 임차권명령등기

등기목적	임차권설정(등기) (민§621)	임차권명령(등기) (주임법§3의3①)	
임차권자	필요적		
임대차계약일자	필요적 (등기원인에 기록)	필요적 (권리자 및 기타사항에 기록)	
차임, 범위	필요적	임의적	
임차보증금	임의적	필요적	
주민등록일자	×	필요적	대항
점유개시일자	×	필요적	
확정일자	×	필요적	우선변제
존속기간	임의적	×	
임차권이전등기	O	×	

 **1문제** 저당권등기

1. **[저당]** 특유한 필요적 신청정보 : **채권액. 채무자.**

2. **[근저당]** 특유 필요적 정보 : **"근"** (근저당이라는 뜻), 채권**최고**액, 채무자

   ❖ 채권최고액 : **단일**하게 기록 (채권자별로 또는 채무자별로 구분하여 기록✗)

   ❖ 근저당권설정등기의 채권최고액에는 이자, 위약금, 지연배상액 등 포함되어 있으므로 이자, 위약금, 지연배상액은 **등기사항이 아니다.** 또한 근저당권설정등기의 경우에는 피담보채권이 확정되어야 변제기가 도래하므로 **변제기는 등기사항이 아니다.**

저당권설정등기	"근" 저당권설정등기	
채권액	채권 "최고" 액	필요적 등기사항
채무자	채무자	
존속기간	존속기간	임의적 등기사항
약정	약정	
변제기	변제기	등기사항 아님
이자	이자	

   ❖ ┌ 피담보채권확정 **전** 등기원인 : **계약**양도, **계약**인수
      └ 피담보채권확정 **후** 등기원인 : 확정**채권**양도, 확정**채무**인수

3. ① 일정한 금액을 목적으로 하지 않는 채권도 가능(단, 그 **평가액**을 기록)

   ② (근)저당설정자와 채무자가 동일한 경우에도 **채무자**의 표시를 기재

   ③ 수인의 채무자가 연대채무자라 하더라도 단순히 '**채무자**'로 기재

4. **[공동저당]** 공동담보목록 (등기부의 **일부**, **5**개 이상 부동산, **등기관**이 작성)

5. **[기타]**

   ① 기존건물에 설정된 (근)저당권의 효력은 증축건물에도 당연히 미치므로 건물증축등기로 충분하며 (근)저당권변경등기는 필요 없다(판례).

   ② 피담보채권의 일부에 대한 양도·대위변제로 인한 저당권일부이전등기가 가능하다.
      cf. 전세금반환채권의 일부에 대한 양도로 인한 전세권일부이전등기가 가능하다.

   ③ 저당권설정등기 후 소유권이 제3자에게 이전된 경우에는 저당권설정자와 저당권자가 공동으로 말소등기를 신청할 수도 있고, 제3취득자와 저당권자가 공동으로 그 말소등기를 신청할 수도 있다(판례).

   ④ 근저당권이 이전된 후 근저당권을 말소하는 경우에는 근저당권이 이전된 부기등기의 말소등기를 신청하는 것이 아니라 주등기인 근저당권설정등기의 말소등기를 신청하여야 하는 것이며 근저당권이전의 부기등기는 직권에 의하여 말소된다(등기선례).

24. 저당권등기에 관한 설명으로 틀린 것은?[25회]
① 공동저당설정등기를 신청하는 경우, 각 부동산에 관한 권리의 표시를 신청정보의 내용으로 등기소에 제공하여야 한다.
② 저당의 목적이 되는 부동산이 5개 이상인 경우, 등기신청인은 공동담보목록을 작성하여 등기소에 제공하여야 한다.
③ 금전채권이 아닌 채권을 담보하기 위한 저당권설정등기를 할 수 있다.
④ 대지권이 등기된 구분건물의 등기기록에는 건물만을 목적으로 하는 저당권설정등기를 하지 못한다.
⑤ 저당권부 채권에 대한 질권을 등기할 수 있다.

📖② 2011년 전부 개정법에서 공동담보목록을 신청인이 작성·제출하는 것이 아니라 등기관이 직접 작성하게 되었다.

25. 담보권등기에 관한 설명으로 옳은 것은? [26회]
① 일정한 금액을 목적으로 하지 아니하는 채권을 담보하기 위한 저당권설정등기는 불가능하다.
② 채권자가 수인인 근저당권의 설정등기를 할 경우, 각 채권자별로 채권최고액을 구분하여 등기부에 기록한다.
③ 채권의 일부에 대한 대위변제로 인한 저당권 일부이전등기는 불가능하다.
④ 근저당권의 피담보채권이 확정되기 전에 그 피담보채권이 양도된 경우, 이를 원인으로 하여 근저당권이전등기를 신청할 수 없다.
⑤ 근저당권이전등기를 신청할 경우, 근저당권설정자가 물상보증인이면 그의 승낙을 증명하는 정보를 등기소에 제공하여야 한다.

📖④ 근저당권의 피담보채권이 확정되기 전에 그 피담보채권이 양도된 경우, 이를 원인으로 하여 근저당권이전등기를 신청할 수 없다.
① 금전채권이 아닌 채권을 담보하기 위한 저당권설정등기도 할 수 있다. ② 채권최고액은 반드시 단일하게 등기부에 기록하여야 한다. ③ 근저당권의 피담보채권이 확정된 상태에서 피담보채권의 일부가 대위변제 또는 양도된 경우에 그 대위변제 또는 채권양도를 원인으로 근저당권설정등기의 일부이전등기를 신청할 수 있다. ⑤ 근저당권이전등기를 신청할 경우, 승낙서 동의서 등은 필요하지 아니하다.

26. 저당권의 등기절차에 관하여 틀린 것은? [28회]

① 일정한 금액을 목적으로 하지 않는 채권을 담보하기 위한 저당권설정등기를 신청하는 경우, 그 채권의 평가액을 신청정보의 내용으로 등기소에 제공하여야 한다.

② 저당권의 이전등기를 신청하는 경우, 저당권이 채권과 같이 이전한다는 뜻을 신청정보의 내용으로 등기소에 제공하여야 한다.

③ 채무자와 저당권설정자가 동일한 경우에도 등기기록에 채무자를 표시하여야 한다.

④ 3개의 부동산이 공동담보의 목적물로 제공되는 경우, 등기관은 공동담보목록을 작성하여야 한다.

⑤ 피담보채권의 일부양도를 이유로 저당권의 일부이전등기를 하는 경우, 등기관은 그 양도액도 기록하여야 한다.

답④ "3개의"가 아니라 "5개 이상의"가 되어야 옳다(법 제78조 제2항).

27. 담보물권등기에 대한 설명으로 옳은 것은?[29회]

① 민법상 조합 자체를 채무자로 표시하여 근저당설정등기를 할 수 없다.

② 근저당권의 존속기간은 등기할 수 없다.

③ 채무자 변경을 원인으로 하는 저당권변경등기는 변경 전 채무자를 등기권리자로, 변경 후 채무자를 등기의무자로 하여 공동으로 신청한다.

④ 근저당권설정등기 신청서에 변제기 및 이자를 기재하여야 한다.

⑤ 민법상 저당권부 채권에 대한 질권을 설정함에 있어서 채권최고액은 등기할 수 없다.

답① (민법상) 조합은 동업계약에 불과하여 권리의무능력이 없으므로 채권자도 채무자도 될 수 없다. 따라서 옳다.
② "할 수 없다"를 "할 수 있다"로 고쳐야 옳다(법 제75조 제2항 제4호). ③ "변경 전 채무자"를 "근저당권자"로 고치고, "변경 후 채무자"를 "근저당권설정자(또는 제3취득자)"로 고쳐야 옳다. ④ 변제기는 기록할 수 있지만, 이자는 기록하지 아니한다. ⑤ "할 수 없다"를 "할 수 있다"로 고쳐야 옳다(법 제76조 제1항 제1호). 개정법에서는 저당권부채권에 대한 질권의 등기사항에 채권최고액이 규정되어 저당권부채권에 대한 근질권도 등기할 수 있음을 분명히 하였다.

●● 1문제 신탁등기

수 단 일 대 동(없어) 합(해도) 원 가 주?

신탁등기는 **수**탁자가 **단**독으로 신청하며,

권리등기와 **일**괄하여 동시신청하고, (하나의 등기, 하나의 번호)

위탁자나 수익자는 수탁자를 **대**위할 수 있고,

대위하는 경우에는 **동**시를 요하지 아니한다(없어).

수탁자가 여러 명인 경우 **합**유관계이고,

신탁**원**부를 작성하고,

신탁**가**등기가 가능하며,

수탁자의 고유재산이 된 경우 그 뜻의 등기를 **주**등기로 한다.

28. 신탁등기에 관한 설명으로 틀린 것은? [23회]

① 신탁재산의 처분으로 수탁자가 얻은 부동산이 신탁재산에 속하게 된 경우, **수**탁자가 **단**독으로 신탁등기를 신청할 수 있다.

② 수익자 또는 위탁자는 수탁자를 **대**위하여 신탁등기를 신청할 수 있다.

③ 수탁자가 여러 명인 경우 등기관은 신탁재산이 공유인 뜻을 등기부에 기록하여야 한다. **합**

④ 등기관이 신탁등기를 할 때에는 신탁**원**부를 작성하여야 하는데, 이때의 신탁원부는 등기기록의 일부로 본다.

⑤ 농지에 대하여 「신탁법」상 신탁을 등기원인으로 하여 소유권이전등기를 신청하는 경우, 신탁의 목적에 관계없이 농지취득자격증명정보를 제공하여야 한다.

답③ 수탁자가 여러 명인 경우 등기관은 신탁재산이 합유인 뜻을 등기부에 기록하여야 한다.

1. 가등기 하는 경우(상대방이 있고, 그에 대한 채권적청구권을 보전하려 할 때)

(**설**정. **이**전. **변**경. **소**멸. 청구권)

(**시**기부 청구권, **정**지조건부 청구권)

(**장래**에 있어서 확정될 청구권)(=예약)

① **공동**신청(원칙)

② **가등기권리**자의 **단독**신청(예외) :

　　㉠ 가등기의무자의 **승낙서** ㉡ **가등기가처분명령**(서)(정본)

2. 가등기 이전(상속·가압류·가처분)**등기 할 수 있다 (부기등기)**(판)

　❖ 〈Hint〉 가등기. 가압류. 가처분이 섞여 있는 문장의 O X

　　가등기가압류O 가등기가처분O (가나다 순으로 기억! ㄷ ㅇ 옳다)

　　가압류가등기✗ 가처분가등기✗ (가나다 순으로 기억! ㅇ ㄷ 틀리다)

❖이해해야 안헷갈림❖ **가등기**된 권리의 **이전**등기가 제3자에게 마쳐진 경우,

　　그 제3자가 본등기의 권리자가 된다. (O) (30회)

3. 가등기의 말소등기

① **공동**신청(원칙)

② **단독**신청(예외) : ㉠ **가등기명의인** (가등기필정보 + (if 소유권가등기)인감증명)

　　　　　　　　　　 ㉡ **가등기의무자** (가등기명의인의 승낙서)

　　　　　　　　　　 ㉢ **가등기상 이해관계인** (가등기명의인의 승낙서)

4. (소유권)**가등기에 기한 본등기시 중간등기?**(가등기의무자가 본등기의무자가 되고)
　　　　　　　　　　　　　　　　　　　　　 이는 제3취득자가 있어도 그렇다

① (직권으로)**말소**(원칙) (이 경우에만 "말소 후 통지" 하는 것으로 개정(2011~))
　　　　　　　　　　　 (원래의 직권말소는 "통지 후 말소" 의 수순임)

② 말소도 아니고 존속도 아니고, 아직 미정 : 체납처분 압류등기

③ **안지운다** : ㉠ 당해 가등기상의 권리를 목적으로 하는 가압류 가처분 등기

　　　　　　　 ㉡ 가등기보다 선순위

　　　　　　　 ㉢ 가등기에 대항력O

❖이해해야 안헷갈림❖ 가등기목적물의 소유권이 **가등기** 후에 제3자에게 **이전**된 경우,

　가등기에 의한 본등기신청의 등기의무자는 그 제3자이다. (가등기 당시의 소유자) (33회)

5. 용익권가등기에 기한 본등기시 중간등기?

① 용익권등기는 (직권으로)**말소**

② 용익권등기 외에는 모두 안지운다

6. 저당권가등기에 기한 본등기시 중간등기?

모두 안지운다

29. 가등기에 관한 설명으로 옳은 것을 모두 고른 것은?(다툼이 있으면 판례에 따름)[22회]

> ㉠ 매매예약완결권의 행사로 소유권이전청구권이 장래에 확정되게 될 경우, 이 청구권을 미리 보전하기 위한 가등기를 할 수 있다.
> ㉡ 물권적 청구권을 보전하기 위한 가등기를 할 수 있다.
> ㉢ 가등기에 의하여 보전된 소유권이전청구권을 양도한 경우, 그 청구권의 이전등기는 가등기에 대한 부기등기로 한다.
> ㉣ 甲이 乙소유 토지에 대한 소유권이전청구권을 보전하기 위하여 가등기를 한 후 乙이 그 토지를 丙에게 양도한 경우, 甲의 본등기 청구의 상대방은 丙이다.
> ㉤ 지상권설정청구권을 보전하기 위한 가등기는 을구에 한다.

① ㉠, ㉡, ㉣   ② ㉠, ㉢   ③ ㉠, ㉢, ㉤   ④ ㉡, ㉤   ⑤ ㉡, ㉣, ㉤

답③ ㉠, ㉢, ㉤
㉡ 물권적 청구권을 보전하기 위한 가등기는 할 수 <u>없다</u>.
㉣ 甲이 乙소유 토지에 대한 소유권이전청구권을 보전하기 위하여 가등기를 한 후 乙이 그 토지를 丙에게 양도한 경우, 甲의 본등기 청구의 상대방은 <u>乙(가등기 당시의 소유자)</u>이다.

30. 가등기에 관한 설명으로 옳은 것은? [27회]
① 소유권이전등기청구권이 정지조건부일 경우, 그 청구권보전을 위한 가등기를 신청할 수 없다.
② 가등기를 명하는 법원의 가처분명령이 있는 경우, 등기관은 법원의 촉탁에 따라 그 가등기를 한다.
③ 가등기신청시 그 가등기로 보전하려고 하는 권리를 신청정보의 내용으로 등기소에 제공할 필요는 없다.
④ 가등기권리자가 가등기를 명하는 가처분명령을 신청할 경우, 가등기의무자의 주소지를 관할하는 지방법원에 신청한다.
⑤ 가등기에 관해 등기상 이해관계 있는 자가 가등기명의인의 승낙을 받은 경우, 단독으로 가등기의 말소를 신청할 수 있다.

답⑤ 옳다. ① 정지조건부 청구권에 대하여는 가등기할 수 <u>있다</u>. ② 촉탁등기가 아닌 <u>가등기권리자의 단독</u> 신청등기이다. ③ <u>무슨 권리에 관한 가등기인지를 적어야 한다</u>. ④ <u>부동산 소재지 관할</u> 지방법원에 신청한다.

31. 가등기에 관한 설명으로 틀린 것은?[28회]
① 물권적 청구권을 보전하기 위한 가등기는 허용되지 않는다.
② 가등기의무자가 가등기명의인의 승낙을 얻어 단독으로 가등기의 말소를 신청하는 경우에는 그 승낙이 있음을 증명하는 정보를 등기소에 제공해야 한다.
③ 가등기에 의하여 순위 보전의 대상이 되어 있는 물권변동청구권이 양도된 경우, 그 가등기상의 권리에 대한 이전등기를 할 수 있다.
④ 가등기에 의한 본등기를 한 경우, 본등기의 순위는 가등기의 순위에 따른다.
⑤ 지상권설정등기청구권보전 가등기에 의하여 본등기를 한 경우, 가등기 후 본등기 전에 마쳐진 당해 토지에 대한 저당권설정등기는 직권말소대상이 된다,

🖐⑤ 본등기에 의한 지상권과 중간등기인 저당권은 양립이 가능하므로 말소할 이유가 없다.

32. 가등기에 관한 설명으로 틀린 것은? (다툼이 있으면 판례에 따름)[30회]
① 소유권보존등기를 위한 가등기는 할 수 없다.
② 소유권이전청구권이 장래에 확정될 것인 경우, 가등기를 할 수 있다.
③ 가등기된 권리의 이전등기가 제3자에게 마쳐진 경우, 그 제3자가 본등기의 권리자가 된다.
④ 가등기권리자가 여럿인 경우, 그 중 1인이 공유물보존행위에 준하여 가등기 전부에 관한 본등기를 신청할 수 있다,
⑤ 가등기권리자가 가등기에 의한 본등기로 소유권이전등기를 하지 않고 별도의 소유권이전등기를 한 경우, 가등기 후에 본등기와 저촉되는 중간등기가 없다면 가등기에 의한 본등기를 할 수 없다.

🖐④ 하나의 가등기에 관하여 여러 사람의 가등기권자가 있는 경우에, 가등기권자 모두가 공동의 이름으로 본등기를 신청하거나, 그 중 일부의 가등기권자가 자기의 가등기지분에 관하여 본등기를 신청할 수 있지만, 일부의 가등기권자가 공유물보존행위에 준하여 가등기 전부에 관한 본등기를 신청할 수는 없다(등기예규 제1408호).

33. 토지에대한 소유권이전청구권보전 가등기에 기하여소유권이전의 본등기를 한 경우. 그 가등기 후 본등기 전에 마쳐진 등기 중 등기관의 직권말소 대상이 아닌 것은? [33회]
① 지상권설정등기
② 지역권설정등기
③ 저당권설정등기
④ 임차권설정등기
⑤ 해당 가등기상 권리를 목적으로 하는 가압류등기

🖐⑤는 직권말소의 대상이 아니다(부동산등기규칙 제147조 제1항 제1호).

1문제 가처분등기

1. 가처분등기를 하는 상황 : **특정**채권, **특정**재산, **계약 ✗**

cf. 가압류등기를 하는 상황 : **금전**채권, **일반**재산, **계약 ✗**

2. 가처분등기 : 피보전권리가 아닌 <u>가처분채무자(누구에게?)</u>를 기준

★ ① <u>피보전권리가 지상권설정등기청구권인 가처분등기</u> : **갑**구(∵가처분채무자가 소유자)

② <u>피보전권리가 지상권이전등기청구권인 가처분등기</u> : **을**구(∵가처분채무자가 지상권자)

3. 가처분등기 후 (본안에서 종결될 때까지는) **처분등기가 가능**(판)
<small>처분금지</small>

4. 승소한 가처분채권자가 판결에 의한 등기를 단독으로 신청할 때

① **가처분 이후의 등기**로서 "가처분채권자의 권리를 침해하는(가처분채권자의 권리에 저촉되는) 등기"의 말소 : **신청**(동시, 단독)

② "당해 가처분등기"의 말소 : **직권**

[대표사례(제23회 기출) **]**

A 토지 　〈갑구〉

1	소유권 甲
~~2~~	2.10 ~~가처분 丙~~
~~3~~	3.10 ~~가압류 丁~~
4	4.10 경매개시결정

〈을구〉

1	1.10 근저당권 乙

丙이 승소하여 <u>판결에 의한 소유권이전등기(①)</u>를 신청하는 경우

1. <u>丁의 가압류등기의 말소등기(②)</u> : 丙이 **신청**

(가처분채권자 丙의 권리를 침해하는 등기)　　(①과 ②의 신청 : 동시신청. 단독신청.)

2. <u>丙의 가처분등기의 말소등기</u>는 등기관이 **직권**으로 한다.

3. 乙의 근저당권등기는 말소 할 수 없다.

4. 乙의 근저당권에 의한 임의경매개시결정등기도 말소 할 수 없다.

34. 가압류·가처분 등기에 관한 설명으로 옳은 것은? [22회]
① 소유권에 대한 가압류등기는 부기등기로 한다.
② 처분금지가처분등기가 되어 있는 토지에 대하여는 지상권설정등기를 신청할 수 없다.
③ 가압류등기의 말소등기는 등기권리자와 등기의무자가 공동으로 신청해야 한다.
④ 부동산에 대한 처분금지가처분등기의 경우, 금전채권을 피보전권리로 기록한다.
⑤ 부동산의 공유지분에 대해서도 가압류등기가 가능하다.

🖐⑤ 옳다. ① 소유권에 대한 가압류등기는 주등기로 한다. ② 처분금지가처분등기가 되어 있는 토지에 대하여도 지상권설정등기를 신청할 수 있다. ③ 가압류등기의 말소등기는 원칙적으로 법원이 촉탁한다. ④ 부동산에 대한 처분금지가처분등기의 경우, 등기청구권을 피보전권리로 기록한다.

35. 甲소유인 A토지의 등기부에는 乙의 근저당권설정등기, 丙의 소유권이전등기청구권을 보전하기 위한 가처분등기, 丁의 가압류등기, 乙의 근저당권에 의한 임의경매개시결정의 등기가 각기 순차로 등기되어 있다. A토지에 대하여 丙이 甲을 등기의무자로 하여 소유권이전등기를 신청하는 경우에 관한 설명으로 옳은 것은? [23회] **대표사례문제이므로 정확히 숙지할 것!**
① 丁의 가압류등기는 등기관이 직권으로 말소하여야 한다.
② 丁의 가압류등기의 말소를 丙이 단독으로 신청할 수 있다.
③ 丙의 가처분등기의 말소는 丙이 신청하여야 한다.
④ 丙의 가처분등기는 법원의 촉탁에 의하여 말소하여야 한다.
⑤ 丙은 乙의 근저당권에 의한 임의경매개시결정등기의 말소를 신청할 수 있다.

🖐② 옳다. ① 丁의 가압류등기의 말소는 丙이 단독으로 신청한다. ③④ 丙의 가처분등기의 말소는 등기관의 직권에 의한다. ⑤ 丙은 乙의 근저당권에 의한 임의경매개시결정등기의 말소를 신청할 수 없다. 해당 임의경매개시결정등기는 丙의 가처분보다 선순위인 乙의 근저당권에 기한 것이므로 丙의 권리를 침해하는 것은 아니기 때문이다.

1. 임야대장 및 임야도에 등록하는 토지 → 숫자 앞에 "산"!

   지번 : 30 → 토지대장등록지, 단식지번, 30번지

   지번 : 산30-1 → 임야대장등록지, 복식지번, 산30-1번지

2. 본번과 부번, "-" 표시로 연결, "의"라고 읽는다!

3. 지번선택기준 : 본번 중 선순위 (즉 단식 최우선, 그 다음 선순위)

4. 결번된 지번 → 결번대장

5. 지적확정측량 도시개발사업 경위의측량 경계점좌표등록부 500분의 1

6. 지번부여 : 지적소관청(특시군구)이 지번부여지역(동리)별로 북서에서 남동으로 차례대로
   (북서기번법)

7. 지번변경 : 지적소관청, 승인 ○, 확정 ⇨ 준용. 전부 또는 일부
   (시도지사나 대도시시장)

   cf. 지번부여 : 지적소관청, 승인 ✗

8. 새 지역에 속하면 → 새(로 속하게 된) 지역의 지번

9. 토지이동에 따른 지번부여방법

	원 칙	예 외
신규등록 (새로 만들기)	인접토지의 본번에 부번	최종 본번 다음 본번 ① 최종 지번의 토지에 인접 ② 멀리 떨어져 ③ 여러 필지
등록전환 (새로 만들기)		
분할 (파생시키기)	분할 전의 지번 최종 부번 다음 부번	건축물이 있는 필지에 분할 전의 지번
합병 (하나 고르기)	본번 중 선순위 (하나 고르기)	건축물이 위치한 지번을 신청할 때에는 그 지번
지적확정측량 (여러 개 고르기) 준용: 지번변경 / 행정구역개편 / 축척변경 적용: 준공 전 지번부여신청	본번 중 선순위 (여러 개 고르기) (개발지역 안팎에 같은 본번 ✗) (경계에 걸쳐 있는 본번 ✗)	최종 본번 다음 본번 or 단지식

1. 공간정보의 구축 및 관리 등에 관한 법령상 지번의 구성 및 부여방법 등에 관한 설명으로 틀린 것은?[29회]
① 지번은 아라비아숫자로 표기하되, 임야대장 및 임야도에 등록하는 토지의 지번은 숫자 앞에 "산"자를 붙인다.
② 지번은 북서에서 남동으로 순차적으로 부여한다.
③ 지번은 본번과 부번으로 구성하되, 본번과 부번 사이에 "-"표시로 연결한다.
④ 지번은 국토교통부장관이 시·군·구별로 차례대로 부여한다.
⑤ 분할의 경우에는 분할 후의 필지 중 1필지의 지번은 분할 전의 지번으로 하고, 나머지 필지의 지번은 본번의 최종 부번 다음 순번으로 부번을 부여한다.

답④ 지번은 "지적소관청"이 "지번부여지역"별로 차례대로 부여한다(법 제66조제1항).

2. 지번의 부여 및 부여방법 등에 관한 설명으로 틀린 것은?[23회]
① 지적소관청은 지번을 변경할 필요가 있다고 인정하면 시·도지사나 대도시 시장의 승인을 받아 지번부여지역의 전부 또는 일부에 대하여 지번을 새로 부여할 수 있다.
② 신규등록의 경우에는 그 지번부여지역에서 인접토지의 본번에 부번을 붙여서 지번을 부여하는 것을 원칙으로 한다.
③ 분할의 경우에는 분할 후의 필지 중 1필지의 지번은 분할 전의 지번으로 하고, 나머지 필지의 지번은 최종 본번 다음 순번의 본번을 순차적으로 부여하여야 한다.
④ 등록전환 대상토지가 여러 필지로 되어 있는 경우에는 그 지번부여지역의 최종 본번의 다음 순번부터 본번으로 하여 순차적으로 지번을 부여할 수 있다.
⑤ 합병의 경우로서 토지소유자가 합병 전의 필지에 주거·사무실 등의 건축물이 있어서 그 건축물이 위치한 지번을 합병 후의 지번으로 신청할 때에는 그 지번을 합병 후의 지번으로 부여하여야 한다.

답③ 분할의 경우에는 분할 후의 필지 중 1필지의 지번은 분할 전의 지번으로 하고, 나머지 필지의 지번은 본번의 최종 "부번" 다음 순번으로 "부번"을 부여한다.

1. <u>주된 용도</u> ➜ 지목
2. 최초 18개 ➜ 현재 **28**개
3. 일필일목, 주지목추종, 일시변경불변(=영속성), 사용목적추종

4. 차문자부호: 공**장**용지, 주**차**장, 하**천**, 유**원**지 (공장 주차장 옆 하천 유원지)
5. 필수암기지목 (네이버블로그, YouTube에서 "노래로 배우는 필수암기지목"으로 검색)
1호. **전** : **곡**물. **원예**작물. **약**초. **뽕**나무. **닥**나무. **묘**목. **관**상수. **식**용죽순.
2호. **답** : **벼**. **연**. **미**나리. **왕**골.
5호. **임야** : **암**석지. **자**갈땅. **모**래땅. **습**지. **황**무지.
8호. **대** : **주**거. **사**무실. **점**포. **문**화시설(**박**물관 **극**장 **미**술관).
23호. **경륜**장. **스키**장. **승**마장. **야구**장. **골프**장. **실**내**체**육관. **종합**운동장 :**체육용지**
요트장.**카**누장.**체육도장**. **정구**장.**골프연습**장.**실내수**영장 : 체육용지 **아냐**
24호. **유원지**: **수영**장.**유선**장.**낚**시터.**어**린이놀이터.**동**물원.**식**물원.**민속**촌.**경마**장.**야영**장
28호. **잡종지** : **갈**대밭. **실**외에 물건을 쌓아두는 곳. **돌**을 캐내는 곳. **흙**을 파내는 곳.
야외시장. **공**동우물. **변**전소. **송**신소. **수**신소.
송유시설. **도**축장. **자**동차운전학원. 쓰레**기**오물처리장.
여객자동차터미널. **폐**차장. **공**항시설. **항**만시설. 도 잡종지

6. 연. 왕골. 재배 ➜ "답"   연. 왕골. 자생. 배수✗ ➜ "유지"

7. <u>과수원</u>에 접속된 주거용 건축물 ➜ "대"
<u>목장용지</u>에 접속된 주거용 건축물 ➜ "대"
<u>묘지</u>의 관리를 위한 건축물 ➜ "대"   cf. 묘지공원 : 묘지
8. 용출 ➜ "광천지"   보관 ➜ "창고용지"   수로 ➜ "구거"
9. 물·기름 "운송" "저장"   ➜ "광천지"에서 제외 (용출 아니므로)
10. 자동차 등 "판매" 목적   ➜ "주차장"에서 제외 (주차 아니므로)
11. "공장 안" 급유·송유시설 ➜ "주유소용지"에서 제외 (판매 아니므로)
12. 단지 안 통로   ➜ "도로"에서 제외 (주지목 추종)
13. "시설물 부지 인근에 설치된" 부설주차장 ➜ "주차장"
cf. 부설주차장 ➜ 주차장✗ (주지목에 추종할 뿐)
14. "제조"…공장 ➜ 공장용지
15. 향교 ➜ 종교용지 (향교종)

3. 공간정보의 구축 및 관리 등에 관한 법령상 지목을 지적도에 등록하는 때에 표기하는 부호로서 옳은 것은?[30회]
① 광천지 – 천   ② 공장용지 – 공   ③ 유원지 – 유
④ 제방 – 제   ⑤ 도로 – 로

<지목부호에 관한 문제 푸는 법>
1. 차문자부호지목 적기
   차문자 지목 4가지(공장(용지) 주차장 (옆) 하천 유원지)를 시험지에 적기(가장 중요!!!)
2. 부호에 동그라미하기
   차문자 지목을 지문에서 찾아 밑줄을 긋고 차문자에 동그라미한다.
   나머지 지문의 지목에는 두문자에 동그라미한다.
3. 정답 고르기
   동그라미한 글자와 제시한 글자가 같은지 ○×한다.
   옳은 것을 고르라면 ○인 것을 고르고
   틀린 것을 고르라면 ×인 것을 고른다.

답④ 지목의 부호는 ① 광천지 - 광 ② 공장용지 - 장 ③ 유원지 - 원 ④ 제방 - 제 ⑤ 도로 - 도 이므로 지문에서 ④만 옳다(규칙 제64조 참조).

4. 공간정보의 구축 및 관리 등에 관한 법령상 지목의 구분 기준에 관한 설명으로 옳은 것은?[22회]
① 산림 및 원야를 이루고 있는 자갈땅·모래땅·습지·황무지 등의 토지는 '잡종지'로 한다.
② 물건 등을 보관하거나 저장하기 위하여 독립적으로 설치된 보관시설물의 부지와 이에 접속된 부속시설물의 부지는 '창고용지'로 한다.
③ 과수류를 집단적으로 재배하는 토지와 이에 접속된 주거용 건축물의 부지는 '과수원'으로 한다.
④ 용수 또는 배수를 위하여 일정한 형태를 갖춘 인공적인 수로·둑 및 그 부속시설물의 부지는 '유지'로 한다.
⑤ 지하에서 석유류 등이 용출되는 용출구와 그 유지에 사용되는 부지는 '주유소용지'로 한다.

답②
① 산림 및 원야를 이루고 있는 자갈땅·모래땅·습지·황무지 등의 토지는 '임야'로 한다. ③ 과수류를 집단적으로 재배하는 토지는 '과수원'으로 하나, 이에 접속된 주거용 건축물의 부지는 '대'로 한다. ④ 용수 또는 배수를 위하여 일정한 형태를 갖춘 인공적인 수로·둑 및 그 부속시설물의 부지는 '구거'로 한다. ⑤ 지하에서 석유류 등이 용출되는 용출구와 그 유지에 사용되는 부지는 '광천지'로 한다.

1. 현재 우리나라의 지적은 2차원(=평면=수평)지적이다!

2. 도면만 있다면 **도면**(전자면적측정기법)에서 계산!

   좌표까지 있다면 **좌표**(좌표면적계산법)로 계산!

3. 도시**개발**사업 = 지적**확정**측량 = **경위의**측량방법

   = 경계점**좌표**등록부 = (대부분) **500**분의 **1**

   ➡ 계산은 모두 "(경계점)**좌표**"로 !

4. **대**축척지역 ➡ 제곱미터 이하 한자리까지 등록!

   단, **0.1**제곱미터 미만 ➡ **0.1**제곱미터로!

5. **소**축척지역 ➡ 제곱미터까지 등록!

   단, **1**제곱미터 미만 ➡ **1**제곱미터로!

6. 등록단위 이하에서 **"숫자가 5 하나만 있을 때"** ➡ 5**사**5**입**법

   (5앞의 숫자가 **홀수**면 그 5를 올리고, 5앞의 숫자가 **0**이나 **짝수**면 그 5를 버린다)

7. **경**계복원측량. **합**병. **지**목변경. **지**번변경.

   등록**말**소. **행**정구역변경. **위**치정정. **도**면재작성.

   지적**현**황측량. **면**적환산. : (면적측정)**하지 않다**!

8. 지상경계의 결정기준

1. 고저 없는 경우 : **중앙**	
2. **고**저가 있는 경우. **하**단부.	소유자가 다른 경우 : 그 **소유권**
3. **절**토한 경우. **상**단부. !	
4. 해면·수면 : **최대**만조위·**최대**만수위	
5. 제방 : **바깥쪽 어깨**부분!	

9. **판.사.도.공. : 자르는 예외!** 판결 사업지구경계 도시군관리계획 공공사업

10. **판.사.도.공취득.원칙분할.인허가.: 표지설치 할수있다!**

5. 공간정보의 구축 및 관리 등에 관한 법령상 지상 경계의 위치표시 및 결정 등에 관한 설명으로 틀린 것은? [22회]
① 토지의 지상 경계는 둑, 담장이나 그 밖에 구획의 목표가 될 만한 구조물 및 경계점표지 등으로 표시한다.
② 지적소관청은 토지의 이동에 따라 지상 경계를 새로 정한 경우에는 지상경계점등록부를 작성·관리하여야 한다.
③ 지상 경계의 구획을 형성하는 구조물 등의 소유자가 다른 경우에는 그 소유권에 따라 지상 경계를 결정한다.
④ 행정기관의 장 또는 지방자치단체의 장이 토지를 취득하기 위하여 분할하려는 경우에는 지상 경계점에 경계점표지를 설치한 후 지적측량을 할 수 있다.
⑤ 도시개발사업 등의 사업시행자가 사업지구의 경계를 결정하기 위하여 토지를 분할하는 경우, 지상 경계는 지상건축물을 걸리게 결정해서는 아니 된다.

답⑤ 원칙적으로 분할에 따른 지상 경계를 지상건축물에 걸리게 결정할 수 없다. 다만, 4가지의 경우 (판결에 따른 분할, 사업지구 경계결정을 위한 분할, 도시·군관리계획선에 따른 분할, 공공사업용 토지의 분할)에는 건축물에 걸리게 경계를 결정할 수 있는 예외가 있다.

6. 지적공부에 등록하는 면적에 관한 설명으로 틀린 것은? [25회]
① 면적은 토지대장 및 경계점좌표등록부의 등록사항이다.
② 지적도의 축척이 600분의 1인 지역의 토지 면적은 제곱미터 이하 한 자리 단위로 한다.
③ 지적도의 축척이 1,200분의 1인 지역의 1필지 면적이 1제곱미터 미만일 때에는 1제곱미터로 한다.
④ 임야도의 축척이 6,000분의 1인 지역의 1필지 면적이 1제곱미터 미만일 때에는 1제곱미터로 한다.
⑤ 경계점좌표등록부에 등록하는 지역의 1필지 면적이 0.1제곱미터 미만일 때에는 0.1제곱미터로 한다.

답① 면적은 토지대장 및 임야대장에만 등록되는 사항이다.

7. 경위의측량방법에 의하여 지적확정측량을 시행하는 지역에서 1필지의 면적을 산출한 결과 730.45㎡인 경우 지적공부에 등록할 면적으로 옳은 것은? [16회]
① 730㎡   ② 730.4㎡   ③ 730.45㎡   ④ 730.5㎡   ⑤ 731㎡

답② 5사5입법을 적용하여 5를 버리면 된다. 즉 730.4㎡로 등록한다.

---

1. 토지대장: 고. 도. 장. 소. 지. 목.축.소. 면.사.등.지.용.

[2. 임야대장 동일] 고유번호 도면번호 장번호 소재 지번 지목 축척 소유자 면적 사유 등급 지가 용도지역

---

3. 지적도 : ~~군~~.도.~~장~~.소.지. 목.축.~~소~~. 그림관련(6가지)

[4. 임야도 동일]

　・ **그림관련 (** 1.색인도　2.도면의 제명　3.도곽선과 그 수치　4.경계
　　　　　　　5.삼각점 및 지적기준점의 위치　6.건축물 및 구조물의 위치 **)**

---

5. 경계점좌표등록부 : 고.도.장.소.지. 부.좌.

　　　　　　　　　　　부호 및 부호도　좌표

---

6. 공유지연명부 : 고.~~도~~.장.소.지.소.지.

　　　　　　　　소유자　지분

---

7. 대지권등록부 : 고.~~도~~.장.소.지.소.지. 건. 전. 지.

　　　　　　　　　　장미아파트 101동 101호　　1/n
　　　　　　　　　　건물명칭　전유부분건물표시　대지권비율

---

8. 소재, 지번 : 모든 지적공부　　**토 임 공 대 : 소유자**

---

9. 경계점좌표등록부를 비치하는 지역의 지적도에만 있는 것

　　1. 도면의 제명 끝에 **"(좌표)"**

　　2. (좌표에 의하여 계산된) **경계점간의 거리**

　　3. 도곽선 오른쪽 아래 끝에 "이 **도면에 의하여 측량을 할 수 없음**"

---

10. 토지고유번호 = 소재(10자리) + **대장구분**번호(1자리) + 지번(8자리)

　　　　　　　　　　(1 : 토지대장　2 : 임야대장)

---

11. "~부" 로 끝나는 지적공부에는 "지목이 없다!"

---

12. 공.대. 에 지분은 있고, **도면번호**는 없다!

---

13. 경계, 도곽선은 0.1mm 폭으로 제도한다!

<주의>1. 정보처리시스템을 통하여 기록·저장한 지적공부의 보존·관리:
　　시·도지사, 시장·군수·구청장

<주의>2. **지적공부**의 복제 : 국토교통부장관

　　cf. **부동산종합공부**의 복제 : 지적소관청

<주의>3. **지적정보** 전담 관리기구의 설치 운영 : 국토교통부장관
　　　　(주민, 가족, 지가, 등기)

8. 다음 중 부동산 중개업자 甲이 매도의뢰 대상토지에 대한 소재, 지번, 지목과 면적을 모두 매수의뢰인 乙에게 설명하고자 하는 경우 적합한 것은? [22회]
① 토지대장 등본
② 지적측량기준점성과 등본
③ 지적도 등본
④ 임야도 등본
⑤ 경계점좌표등록부 등본

답① "면적"을 등록하는 지적공부는 토지대장과 임야대장 뿐이다.

9. 다음 지적도에 대한 설명으로 틀린 것은?[17회]

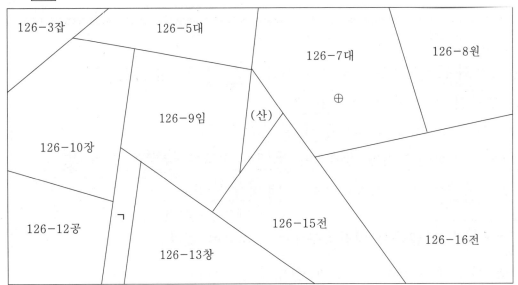

① 도면의 색인도 가운데 숫자가 15인 경우에 지적도의 도면번호는 제15호이다.
② 지적도에 '장'으로 표기된 토지의 지목은 '공장용지'이다.
③ 도면에 제도된 '⊕'은 지적삼각점 위치의 표시이다.
④ (산)으로 표기된 토지는 임야대장 등록지이다.
⑤ 도면에 등록된 경계는 0.2mm의 폭으로 제도한다.

답⑤ 지적도에 등록된 경계는 0.1mm의 폭으로 제도한다(지적업무처리규정 제41조 제1항).

10. 경계점좌표등록부를 갖춰 두는 지역의 아래 지적도에 관한 설명으로 옳은 것은?[21회]

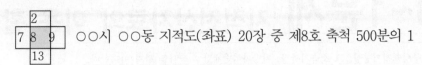

○○시 ○○동 지적도(좌표) 20장 중 제8호 축척 500분의 1

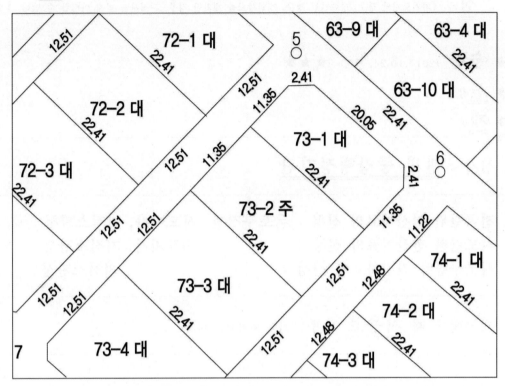

① 73-2에 대한 면적측정은 전자면적측정기에 의한다.
② 73-2의 경계선상에 등록된 '22.41'은 좌표에 의하여 계산된 경계점 간의 거리를 나타낸다.
③ 73-2에 대한 경계복원측량은 본 도면으로 실시하여야 한다.
④ 73-2에 대한 토지면적은 경계점좌표등록부에 등록한다.
⑤ 73-2의 토지지목은 '주차장'이다.

정답②
① 경위의측량방법으로 세부측량을 한 지역의 필지별 면적측정은 경계점 좌표에 의한다(좌표면적계산법).
③ 73-2에 대한 경계복원측량은 본 도면으로 할 수 없고, 경계점좌표등록부에 의하여야 한다.
④ 73-2에 대한 토지면적은 토지대장에 등록한다.
⑤ 73-2에 대한 토지지목은 '주유소용지'이다.

0~1문제 지적전산자료의 이용 활용

---

1. **심**사 중앙행정기관장, 그 소속기관장, 지방자치단체장 : 심사를 받지 아니한다.
   (자기토지의 경우, 상속인인 경우, 개인정보를 제외한 경우 : 심사를 받지 아니할 수 있다.) ★
   ★

   → **승인** (2017.10.24. 폐지) ★★★

   → **신**청

   → **제**공

---

2. 심사 : **관계 중앙행정기관**

---

3. 전국단위 전산자료의 신청 : **국토부장관, 시도지사, 지적소관청**
   시도단위 전산자료의 신청 :   **시도지사, 지적소관청**
   시군구단위 전산자료의 신청 :   **지적소관청**

---

4. 제공받을 때 **사용료** 납부(국가나 지자체는 면제)

---

11. 지적전산자료의 이용과 활용에 대한 설명 중 틀린 것은?[15회 변형]

① 지적공부에 관한 전산자료(연속지적도를 포함한다)를 이용하거나 활용하려는 자는 국토교통부장관, 시·도지사 또는 지적소관청에 지적전산자료를 신청하여야 한다.

② 지적전산자료를 신청하려는 자는 지적전산자료의 이용 또는 활용 목적 등에 관하여 미리 관계 중앙행정기관의 심사를 받아야 한다.

③ 전국 단위의 지적전산자료를 이용·활용하려는 자는 국토교통부장관에게 신청하여야 한다.

④ 중앙행정기관의 장, 그 소속 기관의 장 또는 지방자치단체의 장이 신청하는 경우에는 심사를 받지 아니한다.

⑤ 자기 토지이거나, 상속인이거나, 개인정보가 없는 경우에는 관계 중앙행정기관의 심사를 받지 아니할 수 있다.

답③ "전국" 단위의 지적전산자료를 이용·활용하려는 자는 "국토교통부장관, 시·도지사 또는 지적소관청"에 신청하여야 한다.

●● 1~2문제 기타 장부

1. [부동산종합공부]★★☆ (2014.1.18.도입, 15종 정보)(2016.1.1.~: 등기3종 포함 18종 정보)

○ **지적소관청** : 관리 · 운영 · 영구보존 · 복제 · 제공요청 · 정정요청 · 공개
　　　　　　　　　　　　　　　　　　　　　　　　　　　　　　+ 읍·면·동
○ 등록사항관리기관장(국토교통부 해당 부서, 등기소) : **상시제공 · 정정**
○ 등록사항정정 : 지적공부의 규정을 준용

　　　➡ **토지소유자**는 **지적소관청**에 정정을 신청할 수 있다.

○ 등록사항 :

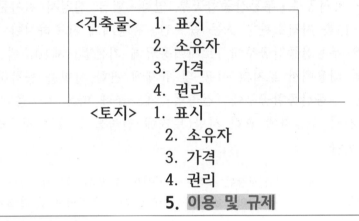

<건축물>	1.	표시
	2.	소유자
	3.	가격
	4.	권리
<토지>	1.	표시
	2.	소유자
	3.	가격
	4.	권리
	5.	**이용 및 규제**

12. 부동산종합공부에 관한 설명으로 틀린 것은?[25회]

① 지적소관청은 부동산의 효율적 이용과 부동산과 관련된 정보의 종합적 관리·운영을 위하여 부동산종합공부를 관리·운영한다.

② 지적소관청은 부동산종합공부를 영구히 보존하여야 하며, 멸실 또는 훼손에 대비하여 이를 별도로 복제하여 관리하는 정보관리체계를 구축하여야 한다.

③ 지적소관청은 부동산종합공부의 불일치 등록사항에 대하여는 등록사항을 정정하고, 등록사항을 관리하는 기관의 장에게 그 내용을 통지하여야 한다.

④ 지적소관청은 부동산종합공부의 정확한 등록 및 관리를 위하여 필요한 경우에는 부동산종합공부의 등록사항을 관리하는 기관의 장에게 관련 자료의 제출을 요구할 수 있다.

⑤ 부동산종합공부의 등록사항을 관리하는 기관의 장은 지적소관청에 상시적으로 관련 정보를 제공하여야 한다.

답③ 지적소관청은 부동산종합공부의 불일치 등록사항에 대하여 확인 및 관리하고, 해당 등록사항을 관리하는 기관의 장에게 그 내용을 통지하여 등록사항 정정을 요청할 수 있다.

13. 공간정보의 구축 및 관리 등에 관한 법령상 지적공부의 열람 및 등본 발급, 부동산종합공부의 등록사항 및 열람·증명서 발급 등에 관한 설명으로 틀린 것은?[30회]

① 정보처리시스템을 통하여 기록·저장된 지적공부(지적도 및 임야도는 제외한다)를 열람하거나 그 등본을 발급받으려는 경우에는 시·도지사, 시장·군수 또는 구청장이나 읍·면·동의 장에게 신청할 수 있다.

② 지적소관청은 부동산종합공부에 「공간정보의 구축 및 관리 등에 관한 법률」에 따른 지적공부의 내용에서 토지의 표시와 소유자에 관한 사항을 등록하여야 한다.

③ 부동산종합공부를 열람하거나 부동산종합공부 기록사항에 관한 증명서를 발급받으려는 자는 지적공부·부동산종합공부 열람·발급 신청서(전자문서로 된 신청서를 포함한다)를 지적소관청 또는 읍·면·동장에게 제출하여야 한다.

④ 지적소관청은 부동산종합공부에 「토지이용규제 기본법」 제10조에 따른 토지이용계획확인서의 내용에서 토지의 이용 및 규제에 관한 사항을 등록하여야 한다.

⑤ 지적소관청은 부동산종합공부에 「건축법」 제38조에 따른 건축물대장의 내용에서 건축물의 표시와 소유자에 관한 사항(토지에 건축물이 있는 경우만 해당한다)을 등록하여야 한다.

답① 정보처리시스템을 통하여 기록·저장된 지적공부(지적도 및 임야도는 제외한다)를 열람하거나 그 등본을 발급받으려는 경우에는 특별자치시장, 시장·군수 또는 구청장이나 읍·면·동의 장에게 신청할 수 있다(법 제75조 제1항).

2. [지상경계점등록부] ★★★

지적소관청이 토지이동에 따라 지상 경계를 새로이 정한 경우 작성 (2011.~)

(토지의 소재)

(지번)

(좌표(있을 때))

(위치설명도)

(사진파일)

+ (공부상 지목 및 실제 토지이용 지목)

+ (경계점표지의 종류 및 경계점 위치)

14. 공간정보의 구축 및 관리 등에 관한 법령상 지적소관청이 토지의 이동에 따라 지상 경계를 새로 정한 경우에 경계점 위치 설명도와 경계점 표지의 종류 등을 등록하여 관리하는 장부는? [30회]

① 토지이동조사부
② 부동산종합공부
③ 경계점좌표등록부
④ 지상경계점등록부
⑤ 토지이동정리결의서

답④ 지적소관청이 토지의 이동에 따라 지상 경계를 새로 정한 경우에는 다음의 사항을 등록한 지상경계점등록부를 작성·관리하여야 한다(법 제65조 제2항, 규칙 제60조 제2항).

15. 공간정보의 구축 및 관리 등에 관한 법령상 지상경계점등록부의 등록사항에 해당하는 것을 모두 고른 것은? [26회]

㉠ 경계점표지의 종류 및 경계점 위치	㉡ 공부상 지목과 실제 토지이용 지목
㉢ 토지소유자와 인접토지소유자의 서명 날인	㉣ 경계점 위치 설명도와 경계점의 사진 파일

① ㉠, ㉣
② ㉡, ㉢
③ ㉢, ㉣
④ ㉠, ㉡, ㉣
⑤ ㉠, ㉡, ㉢, ㉣

답④ 지상경계점등록부에 ㉢ 토지소유자와 인접토지소유자의 서명·날인은 등록하지 않는다.

45

●● 1~2문제 (토지이동)사유(종목)

1. 신규등록 → 등기촉탁 없다!
등기촉탁하는 경우에 신규등록은 없다 → 등 신 없다! ★★★

16. 등기촉탁 대상이 아닌 것은? [28회]

① 지번부여지역의 전부 또는 일부에 대하여 지번을 새로 부여한 경우

② 바다로 된 토지의 등록을 말소한 경우

③ 하나의 지번부여지역에 서로 다른 축척의 지적도가 있어 축척을 변경한 경우

④ 지적소관청이 신규등록하는 토지의 소유자를 직접 조사하여 등록한 경우

⑤ 지적소관청이 직권으로 조사·측량하여 지적공부의 등록사항을 정정한 경우

📖④ 등기촉탁하는 경우에 신규등록은 없다 → 등 신 없다! (법 제89조).

2. 등록전환 → 산. 불. 지. 도. ★★
1) 원칙등록전환(지목변경O) : 산지, 건축 ⋯ 형질변경
2) 예외등록전환(지목변경✗)
① 대부분 토지 등록전환 → 나머지 토지 임야도 존치 불합리
② 형질변경 but 지목변경 할 수 없는 경우
③ 도시군관리계획선에 따라 분할
3) 임야대장의 면적과 등록전환될 토지대장의 면적의 차이
① 허용오차범위 이내 : (임야대장의 면적 또는 임야도의 경계를) 정정할 필요없다
② 허용오차범위 초과 : (임야대장의 면적 또는 임야도의 경계를) 직권 정정해야
(→ 어느 경우든 '등록전환될' 면적을 등록전환의 면적으로 결정)

17. 등록전환에 관한 설명으로 틀린 것은? [22회]

① 토지소유자는 등록전환할 토지가 있으면 그 사유가 발생한 날부터 60일 이내에 지적소관청에 등록전환을 신청하여야 한다.

② 「산지관리법」, 「건축법」 등 관계 법령에 따른 토지의 형질변경 또는 건축물의 사용승인 등으로 인하여 지목을 변경하여야 할 토지는 등록전환을 신청할 수 있다.

③ 임야도에 등록된 토지가 사실상 형질변경되었으나 지목변경을 할 수 없는 경우에는 지목변경 없이 등록전환을 신청할 수 있다.

④ 등록전환에 따른 면적을 정할 때 임야대장의 면적과 등록전환될 면적의 차이가 오차의 허용범위 이내인 경우, 임야대장의 면적을 등록전환 면적으로 결정한다.

⑤ 지적소관청은 등록전환에 따라 지적공부를 정리한 경우, 지체 없이 관할 등기관서에 토지의 표시 변경에 관한 등기를 촉탁하여야 한다.

📖④ '임야대장의 면적'을 '등록전환될 면적'으로 고쳐야 옳다.

3. 분할 ➜ 매. 정. 허. 용. ★★

1) 원칙분할(표지설치O, 신청기한✗)

① 소유권이전, 매매 등을 위하여 필요한 경우

② 토지이용상 불합리한 지상경계를 시정하기 위한 경우

③ 분할이 포함된 토지개발허가를 받은 경우

2) 예외분할(표지설치✗, 신청기한O)

1필지 일부의 형질변경 등으로 용도가 변경된 경우(60일 이내)

4. 합병 ➜ 측량✗ ★★★

1) 합병가능한 경우

"소유권" "용익권" "등기원인 연월일 접수번호가 동일한 저당권" "등기사항이 동일한 신탁등기" ★★★ "특례(대장상 합병등록절차를 마친 후)"	합병가능
이 외	합병불가능

2) 신청기한(60일 이내)이 있는 합병 :

① 주택법상 공동주택부지

② 도로, 제방, 하천, 구거, 유지, ("유원지" 가 없음을 주의)

공장용지·학교용지·철도용지·수도용지·공원·체육용지

18. 공간정보의 구축 및 관리 등에 관한 법령상 토지의 합병 및 지적공부의 정리 등에 관한 설명으로 틀린 것은?[30회]

① 합병에 따른 면적은 따로 지적측량을 하지 않고 합병 전 각 필지의 면적을 합산하여 합병 후 필지의 면적으로 결정한다.

② 토지소유자가 합병 전의 필지에 주거·사무실 등의 건축물이 있어서 그 건축물이 위치한 지번을 합병 후의 지번으로 신청할 때에는 그 지번을 합병 후의 지번으로 부여하여야 한다.

③ 합병에 따른 경계는 따로 지적측량을 하지 않고 합병 전 각 필지의 경계 중 합병으로 필요 없게 된 부분을 말소하여 합병 후 필지의 경계로 결정한다.

④ 지적소관청은 토지소유자의 합병신청에 의하여 토지의 이동이 있는 경우에는 지적공부를 정리하여야 하며, 이 경우에는 토지이동정리 결의서를 작성하여야 한다.

⑤ 토지소유자는 도로, 제방, 하천, 구거, 유지의 토지로서 합병하여야 할 토지가 있으면 그 사유가 발생한 날부터 90일 이내에 지적소관청에 합병을 신청하여야 한다.

답⑤ 합병의 경우인데, "90일" 니가 왜 거기서 나와???(법 제80조 제2항).

5. 지목변경 ➡ 국. 토. 건. 전. ★

 1) 국토계획 ⋯ 형질변경

 2) 토지의 용도변경

 3) 건물의 용도변경

 4) 준공 전 합병신청 ★★

---

6. 바다로 된 토지의 등록말소(해면성 말소)

 1) 바다로 되어

  ① 원상회복 ✗

  ② 다른 지목의 토지(염전)로 될 가능성 ✗

 2) 지적소관청이 통지

  ➡ 통지받은 날부터 90일 이내에 신청(신청 ✗ : 지적소관청 직권)

 3) 다시 토지가 된 경우 ➡ 회복등록 ★★★

  ➡ 지적소관청 할 수 있다

   (토지소유자甲 : ✗)   (하여야 한다 : ✗)

---

19. 공간정보의 구축 및 관리 등에 관한 법령상 지적공부에 등록된 토지가 지형의 변화 등으로 바다로 된 토지의 등록말소 및 회복 등에 관한 설명으로 틀린 것은?[30회]

① 지적소관청은 지적공부에 등록된 토지가 지형의 변화 등으로 바다로 된 경우로서 원상(原狀)으로 회복될 수 없는 경우에는 지적공부에 등록된 토지소유자에게 지적공부의 등록말소 신청을 하도록 통지하여야 한다.

② 지적소관청은 바다로 된 토지의 등록말소 신청에 의하여 토지의 표시 변경에 관한 등기를 할 필요가 있는 경우에는 지체 없이 관할 등기관서에 그 등기를 촉탁하여야 한다.

③ 지적소관청이 직권으로 지적공부의 등록사항을 말소한 후 지형의 변화 등으로 다시 토지가 된 경우에 토지로 회복등록을 하려면 그 지적측량성과 및 등록말소 당시의 지적공부 등 관계 자료에 따라야 한다.

④ 지적소관청으로부터 지적공부의 등록말소 신청을 하도록 통지를 받은 토지소유자가 통지를 받은 날부터 60일 이내에 등록말소 신청을 하지 아니하면, 지적소관청은 직권으로 그 지적공부의 등록사항을 말소하여야 한다.

⑤ 지적소관청이 직권으로 지적공부의 등록사항을 말소하거나 회복등록하였을 때에는 그 정리 결과를 토지소유자 및 해당 공유수면의 관리청에 통지하여야 한다.

답④ 바다로 된 토지의 등록말소의 경우인데, "60일" 니가 왜 거기서 나와???(법 제82조 제2항)

7. 축척변경 ★★★

1) 축척변경 : **지적도**에서만! **큰** 축척으로만!

2) 토지소유자 **3분의 2** 이상 동의를 요함

3) 시행공고 : (**지체없이**) (**20일 이상**)

4) **경계점표지설치** : (시행공고 후 **30일 이내**)

　　　　　　　　 (**토지소유자** 또는 **점유자**)

　　　　　　　　 (**점유**하고 있는 경계에)

5) **납부고지 또는 수령통지** : (**청산금**의 결정을 **공고**한 날부터)

　　　　　　　　　　　　 (**20일 이내**)

6) 청산금 : **납**부. **받**은. **6**개월이내 (2017.1.10.개정) ★★★

　　　　　 수령. **한**. **6**개월이내_

　　　　　　　　　　　 납부고지 · 수령통지

7) **청산금 이의신청** ➔ 받은 날부터. **1개월 이내**. **지적소관청에**

---

20. 축척변경에 관한 설명으로 틀린 것은? [19회]

① 청산금의 납부 및 지급이 완료된 때에는 지적소관청은 지체 없이 축척변경의 확정공고를 하여야 하며, 확정공고일에 토지의 이동이 있는 것으로 본다.

② 청산금의 납부고지 또는 수령통지된 청산금에 관하여 이의가 있는 자는 납부고지 또는 수령통지를 받은 날부터 1개월 이내에 지적소관청에 이의신청을 할 수 있다.

③ 축척변경 시행지역 안의 토지소유자 또는 점유자는 시행공고가 있는 날부터 30일 이내에 시행공고일 현재 점유하고 있는 경계에 경계점표지를 설치하여야 한다.

④ 지적소관청은 청산금의 결정을 공고한 날부터 20일 이내에 토지소유자에게 청산금의 납부고지 또는 수령통지를 하여야 한다.

⑤ 청산금의 납부고지를 받은 자는 그 고지를 받은 날부터 3개월 이내에 청산금을 지적소관청에 납부하여야 한다.

답⑤ 납부든 수령이든 모두 "6개월 이내"로 통일되었다(2017.1.10. 개정시행, 영 제76조 제2항).

8. 등록사항정정 ★★★

1) 토지소유자의 신청에 의한 정정
(경. 미. 는 정정을 신청한다!)

> 1. 경계·면적의 변경을 가져오는 정정 : 승낙서(판결서) + 측량성과도
>
> 2. 미등기토지의 소유자표시의 정정 : 가족관계기록사항에 관한 증명서

2) 지적소관청의 직권에 의한 정정
(정리. 면. 접. 의결. 통지. 작. 성. 산. 입. 초)

> 1. 토지이동 정리 결의서의 내용과 다르게
>
> 2. 면적의 증감없이 경계의 위치만 잘못
>
> 3. 경계가 접합 ✗
>
> 4. 지적위원회의 의결(서)
>
> 5. 등기관의 통지(서) (지적소관청의 착오로 잘못 합병한 경우에만 해당) ★
>
> 6. 지적공부 작성 재작성 당시 잘못
>
> 7. 지적측량성과와 다르게
>
> 8. 면적 환산이 잘못
>
> 9. 등록사항이 잘못 입력
>
> + 등록전환시 허용범위 초과

21. 공간정보의 구축 및 관리 등에 관한 법령상 지적소관청은 지적공부의 등록사항에 잘못이 있음을 발견하면 직권으로 조사·측량하여 정정할 수 있다. 직권으로 조사·측량하여 정정할 수 있는 경우가 아닌 것은? [23회]

① 지적공부의 등록사항이 잘못 입력된 경우
② 지적측량성과와 다르게 정리된 경우
③ 토지이용계획서의 내용과 다르게 정리된 경우
④ 지적공부의 작성·재작성 당시 잘못 정리된 경우
⑤ 지적도 및 임야도에 등록된 필지가 면적의 증감 없이 경계의 위치만 잘못된 경우

답 ③ "토지이용계획서"를 "토지이동정리결의서"로 고쳐야 옳다.

22. 지적공부의 등록사항 정정에 관한 설명으로 틀린 것은? [20회]

① 지적도 및 임야도에 등록된 필지가 면적의 증감 없이 경계의 위치만 잘못 등록된 경우 지적소관청이 직권으로 조사·측량하여 정정할 수 있다.

② 토지소유자가 경계 또는 면적의 변경을 가져오는 등록사항에 대한 정정신청을 하는 때에는 정정사유를 기재한 신청서에 등록사항 정정 측량성과도를 첨부하여 지적소관청에 제출하여야 한다.

③ 등록사항 정정 대상토지에 대한 대장을 열람하게 하거나 등본을 발급하는 때에는 '등록사항 정정 대상토지'라고 기재한 부분을 흑백의 반전으로 표시하거나 붉은색으로 기재하여야 한다.

④ 등기된 토지의 지적공부 등록사항 정정 내용이 토지의 표시에 관한 사항인 경우 등기필증, 등기완료통지서, 등기사항증명서 또는 등기관서에서 제공한 등기전산정보자료에 의하여 정정하여야 한다.

⑤ 등록사항 정정 신청사항이 미등기 토지의 소유자 성명에 관한 사항으로서 명백히 잘못 기재된 경우에는 가족관계 기록사항에 관한 증명서에 의하여 정정할 수 있다.

答④ "토지의 표시"를 "토지의 소유자"로 고쳐야 옳다.

23. 공간정보의 구축 및 관리 등에 관한 법령상 지적소관청이 지적공부의 등록사항에 잘못이 있는지를 직권으로 조사·측량하여 정정할 수 있는 경우를 모두 고른 것은?[30회]

┌───┐
│ ㉠ 지적공부의 작성 또는 재작성 당시 잘못 정리된 경우 │
│ ㉡ 지적도에 등록된 필지의 경계가 지상 경계와 일치하지 않아 면적의 증감이 │
│   있는 경우 │
│ ㉢ 측량 준비 파일과 다르게 정리된 경우 │
│ ㉣ 지적공부의 등록사항이 잘못 입력된 경우 │
└───┘

① ㉢   ② ㉣   ③ ㉠, ㉣   ④ ㉡, ㉢   ⑤ ㉠, ㉢, ㉣

答③ 보기에서는 ㉠, ㉣이 직권정정의 대상에 해당한다(법 제84조 제2항).

●●  토지이동신청 지적정리

<토지이동의 신청>

1. 기한 : 60일 이내 : 신규등록, 등록전환, 지목변경

　　　　　　　<예외적으로 60일 이내>

　　　　　　　　* **분할**(일부 용도 변경)

　　　　　　　　* **합병**(주택법상 공동주택부지, 도 제 천 구 유 장 학 철 수 공 체)

　　　　　90일 이내 : 바다로 된 토지의 등록말소

2. 주체 : 토지소유자

　　　　　　사업시행자

　　　　　　대위자 (★★ **등록사항정정**대상토지는 제외 ; 2015.6.4.~)

<지적정리>

1. 토지이동 ➡ 토지이동정리결의서!

　cf. 소유자변동 ➡ 소유자정리결의서!

<지적정리 후 등기소에 등기촉탁>

1. 지적상 등기촉탁(대장의 토지표시변동에 맞게 등기부의 표제부를 고치라)

　　　　　　　　　　　　　토지이동
　　　　　토지이동(신규등록 제외) ➡ 등기촉탁

신규등록	➡ 등기촉탁 ✗
등록전환	➡ 등기촉탁 O
분 할	➡ 등기촉탁 O
합 병	➡ 등기촉탁 O
지목변경	➡ 등기촉탁 O
등록말소	➡ 등기촉탁 O
축척변경	➡ 등기촉탁 O
등록사항정정	➡ 등기촉탁 O
행정구역개편	➡ 등기촉탁 O

2. 등기촉탁 ✗ : 신규등록(등기부가 없어서), **토지소유자**정리(등기부 기준이어서)

<지적정리 후 토지소유자에게 통지> ★★★

1. 토지표시변경등기가 필요한 경우

　　　　　　등기촉탁하는 경우

　　　➡ **등기완료통지서접수일**부터 **15일 이내**

2. 토지표시변경등기가 필요하지 아니한 경우

　　　　　　등기촉탁하지 않는 경우

　　　➡ **지적공부등록일**부터 **7일 이내**

24. 토지의 이동 신청에 관한 설명으로 틀린 것은? [21회]
① 공유수면매립 준공에 의하여 신규등록할 토지가 있는 경우 토지소유자는 그 사유가 발생한 날부터 60일 이내에 지적소관청에 신규등록을 신청하여야 한다.
② 임야도에 등록된 토지를 도시·군관리계획선에 따라 분할하는 경우 토지소유자는 지목변경 없이 등록전환을 신청할 수 있다.
③ 토지소유자는 「주택법」에 따른 공동주택의 부지로서 합병할 토지가 있으면 그 사유가 발생한 날부터 60일 이내에 지적소관청에 합병을 신청하여야 한다.
④ 토지소유자는 토지나 건축물의 용도가 변경되어 지목변경을 하여야 할 토지가 있으면 그 사유가 발생한 날부터 60일 이내에 지적소관청에 지목변경을 신청하여야 한다.
⑤ 바다로 되어 말소된 토지가 지형의 변화 등으로 다시 토지가 된 경우 토지소유자는 그 사유가 발생한 날부터 90일 이내에 토지의 회복등록을 지적소관청에 신청하여야 한다.

답⑤ 바다로 되어 말소된 토지가 지형의 변화 등으로 다시 토지가 된 경우 "지적소관청은 직권으로 회복등록을 할 수 있다."

25. 공간정보의 구축 및 관리 등에 관한 법령상 지적정리 등의 통지에 관한 설명으로 틀린 것은?[25회]
① 지적소관청이 시·도지사나 대도시 시장의 승인을 받아 지번부여지역의 일부에 대한 지번을 변경하여 지적공부에 등록한 경우 해당 토지소유자에게 통지하여야 한다.
② 토지의 표시에 관한 변경등기가 필요하지 아니한 지적정리 등의 통지는 지적소관청이 지적공부에 등록한 날부터 10일 이내에 해당 토지소유자에게 하여야 한다.
③ 지적소관청은 지적공부의 전부 또는 일부가 멸실되거나 훼손되어 이를 복구 등록한 경우 해당 토지소유자에게 통지하여야 한다.
④ 토지의 표시에 관한 변경등기가 필요한 지적정리 등의 통지는 지적소관청이 그 등기완료의 통지서를 접수한 날부터 15일 이내에 해당 토지소유자에게 하여야 한다.
⑤ 지적소관청이 직권으로 조사·측량하여 결정한 지번·지목·면적·경계 또는 좌표를 지적공부에 등록한 경우 해당 토지소유자에게 통지하여야 한다.

답② "10일 이내"가 아니라 "7일 이내"이다.

●● 1문제 지적측량절차

(지 적 측 량 의 뢰 인 → 지 적 측 량 수 행 자)
(토지소유자 등 이해관계인)　(한국국토정보공사, 지적측량업자)
1. 수행계획서^{지적측량} → 그 다음날까지, 지적소관청에.
2. 기본기간 : 측량기간 : 5일 　　　　　**검사기간 : 4일**
3. 지적현황측량, 경계복원측량 : 검사✗ 　(현 . 경 . 이는 검사 받지 않는다!)
4. 지적기준점을 설치한 경우 : 　**기본기간 + 지적기준점설치기간**(15점까지 4일 + 초과 4점마다 1일을 가산)
5. 합의기간이 있는 경우 : 　**합의기간 × 3/4 = 측량기간** 　**합의기간 × 1/4 = 검사기간**
6. 정밀도가 높은 검사를 요하는 경우(지적삼각점측량성과, 지적확정측량성과) 　**국토교통부장관이 정하여 고시하는 면적 규모** 　　**이상인 경우 : 시도지사나 대도시 시장의 검사** 　　**미만인 경우 : 지적소관청의 검사**(2014.1.18.~)

26. 지적측량에 관한 설명으로 틀린 것은? [23회]

① 지적측량은 지적기준점을 정하기 위한 기초측량과 1필지의 경계와 면적을 정하는 세부측량으로 구분하며, 평판측량, 전자평판측량, 경위의측량, 전파기 또는 광파기측량, 사진측량 및 위성측량 등의 방법에 따른다.

② 지적측량수행자가 지적측량 의뢰를 받은 때에는 측량기간, 측량일자 및 측량 수수료 등을 적은 지적측량 수행계획서를 그 다음 날까지 시·도지사에게 제출하여야 한다.

③ 지적기준점을 설치하지 아니하고, 지적측량의뢰인과 지적측량수행자가 서로 합의하여 따로 기간을 정하는 경우를 제외한 지적측량의 측량기간은 5일, 측량검사기간은 4일로 한다.

④ 지적공부의 복구·신규등록·등록전환 및 축척변경을 하기 위하여 세부측량을 하는 경우에는 필지마다 면적을 측정하여야 한다.

⑤ 지적기준점측량의 절차는 계획의 수립, 준비 및 현지답사, 선점(選點), 조표(調標), 관측 및 계산과 성과표의 작성 순서에 따른다.

답② "시·도지사"가 아니라 "지적소관청"으로 고쳐야 옳다.

27. (　　)에 들어갈 내용으로 옳은 것은? [22회]

> 지적측량의 측량기간은 (㉠)로 하며, 측량검사기간은 (㉡)로 한다. 다만, 지적기준점을 설치하여 측량 또는 측량검사를 하는 경우 지적기준점이 15점 이하인 경우에는 4일을, 15점을 초과하는 경우에는 4일에 15점을 초과하는 (㉢)마다 1일을 가산한다. 이와 같은 기준에도 불구하고, 지적측량의뢰인과 지적측량수행자가 서로 합의하여 따로 기간을 정하는 경우에는 그 기간에 따르되, 전체 기간의 (㉣)은 측량기간으로, 전체 기간의 (㉤)은(는) 측량검사기간으로 본다.

① ㉠ - 4일, ㉡ - 3일, ㉢ - 5점, ㉣ - 4분의 3, ㉤ - 4분의 1
② ㉠ - 4일, ㉡ - 3일, ㉢ - 4점, ㉣ - 5분의 3, ㉤ - 5분의 2
③ ㉠ - 5일, ㉡ - 4일, ㉢ - 4점, ㉣ - 4분의 3, ㉤ - 4분의 1
④ ㉠ - 5일, ㉡ - 4일, ㉢ - 4점, ㉣ - 5분의 3, ㉤ - 5분의 2
⑤ ㉠ - 5일, ㉡ - 4일, ㉢ - 5점, ㉣ - 5분의 3, ㉤ - 5분의 2

28. 공간정보의 구축 및 관리 등에 관한 법령상 다음의 예시에 따를 경우 지적측량의 측량기간과 측량검사기간으로 옳은 것은? [28회]

> • 지적기준점의 설치가 필요 없는 경우임
> • 지적측량의뢰인과 지적측량수행자가 서로 합의하여 측량기간과 측량검사기간을 합쳐 40일로 정함

	측량기간	측량검사기간
①	33일	7일
②	30일	10일
③	26일	14일
④	25일	15일
⑤	20일	20일

답②
1. 측량기간 = 합의기간 × 3/4 = 40일 × 3/4 = 30일
2. 측량검사기간 = 합의기간 × 1/4 = 40일 × 1/4 = 10일

●● 1문제
지적위원회 지적측량적부심사

<지적위원회>

1. **중앙**지적위원회 심의 의결 : 적부**재심사**, 정책, 기술, 기술자

   지방지적위원회 심의 의결 : 적부**심사**

2. **국장**이 위원장, **과장**이 부위원장, 일반 위원

   정부위원장 **제외**한 일반위원의 임기 **2년**

3. 정부위원장 **포함** **5~10명**으로 구성

4. **재적 과반** 출석으로 개의, **출석 과반** 찬성으로 의결

5. 위원장 회의소집 시 **5일 전까지** 반드시 **서면** 통지

※ 지적위원회의 민간위원(공무원이 아닌 위원):

   벌칙 적용 시에는 공무원으로 의제 (최근 신설)

<지적측량적부심사>

1. 적부심사 청구인 : 지적측량**의뢰인**, 　지적측량**수행자**

   　　　　　　　(토지소유자, 이해관계인)　(한국국토정보공사, 지적측량업자)

2. [지적측량 적부]

   ○ **심사** : 관할 **시도지사**를 거쳐 **지방**지적위원회에.

   ○ **재심사** : **국토교통부장관**을 거쳐 **중앙**지적위원회에.

3. 지적위원회에의 회부 : **30일 이내**

4. 지적위원회의 심의·의결 : **60일 이내**

   다만, **부득이**한 경우에는 그 심의기간을 **해당 지적위원회의 의결을 거쳐
   (30일 이내**에서 **한 번만** 연장할 수 있다. 　　　　　　　)

5. 의결서의 송부 : **지체없이** 회부했던 관청에.

6. 청구인 및 이해관계인에게 통지 : **7일 이내**

7. 재심사의 청구 : **90일 이내**

29. 공간정보의 구축 및 관리 등에 관한 법령상 중앙지적위원회의 구성 및 회의 등에 관한 설명으로 틀린 것은? [27회]
① 위원장은 국토교통부의 지적업무 담당 국장이, 부위원장은 국토교통부의 지적업무 담당 과장이 된다.
② 중앙지적위원회는 관계인을 출석하게 하여 의견을 들을 수 있으며, 필요하면 현지조사를 할 수 있다.
③ 중앙지적위원회는 위원장 1명과 부위원장 1명을 포함하여 5명 이상 10명 이하의 위원으로 구성한다.
④ 중앙지적위원회의 회의는 재적위원 과반수의 출석으로 개의(開議)하고, 출석위원 과반수의 찬성으로 의결한다.
⑤ 위원장이 중앙지적위원회의 회의를 소집할 때에는 회의 일시·장소 및 심의 안건을 회의 7일 전까지 각 위원에게 서면으로 통지하여야 한다.

답⑤ '7일 전까지'를 '5일 전까지'로 고쳐야 옳다.

30. 지방지적위원회의 심의·의결 사항으로 옳은 것은? [25회]
① 지적측량에 대한 적부심사(適否審査) 청구사항
② 지적측량기술의 연구·개발 및 보급에 관한 사항
③ 지적 관련 정책 개발 및 업무 개선 등에 관한 사항
④ 지적기술자의 업무정지 처분 및 징계요구에 관한 사항
⑤ 지적분야 측량기술자의 양성에 관한 사항

답① 지적측량에 대한 적부심사 청구사항에 대한 심의·의결은 지방지적위원회가 담당한다.

31. 공간정보의 구축 및 관리 등에 관한 법령상 지적측량 적부심사에 대한 재심사와 지적분야 측량기술자의 양성에 관한 사항을 심의·의결하기 위하여 설치한 위원회는?[30회]
① 축척변경위원회   ② 중앙지적위원회   ③ 토지수용위원회
④ 경계결정위원회   ⑤ 지방지적위원회

답② 다음의 사항을 심의·의결하기 위하여 국토교통부에 중앙지적위원회를 둔다(법 제28조 제1항).

> 1. 지적 관련 **정책** 개발 및 업무 개선 등에 관한 사항
> 2. 지적측량 **기술**의 연구·개발 및 보급에 관한 사항
> 3. 지적측량 적부심사에 대한 **재심사**
> 4. 지적 **기술자**의 양성에 관한 사항
> 5. 지적 **기술자**의 업무정지 처분 및 징계요구에 관한 사항

32. 지적측량의 적부심사 등에 관한 설명으로 틀린 것은? [21회 변형]
① 지적측량 적부심사를 청구할 수 있는 자는 토지소유자, 이해관계인 또는 지적측량수행자이다.
② 지적측량 적부심사 청구를 받은 시·도지사는 30일 이내에 다툼이 되는 지적측량의 경위 및 그 성과 등을 조사하여 지방지적위원회에 회부하여야 한다.
③ 지적측량 적부심사를 청구하려는 자는 지적측량을 신청하여 측량을 실시한 후 심사청구서에 그 측량성과를 첨부하여 시·도지사를 거쳐 지방지적위원회에 제출하여야 한다.
④ 지적측량 적부심사 청구서를 회부받는 지방지적위원회는 부득이한 경우가 아닌 경우 그 심사청구를 회부받은 날부터 90일 이내에 심의·의결하여야 한다.
⑤ 지적측량 적부심사 청구자가 지방지적위원회의 의결사항에 대하여 불복하는 경우에는 그 의결서를 받은 날부터 90일 이내에 국토교통부장관을 거쳐 중앙지적위원회에 재심사를 청구할 수 있다.

답④ 지방지적위원회의 심의·의결 기간은 "60일 이내"이다. 이는 중앙지적위원회의 경우에도 같다.

33. 공간정보의 구축 및 관리 등에 관한 법령상 지적위원회 및 지적측량의 적부심사 등에 관한 설명으로 틀린 것은? [29회]
① 토지소유자, 이해관계인 또는 지적측량수행자는 지적측량성과에 대하여 다툼이 있는 경우에는 관할 시·도지사를 거쳐 지방지적위원회에 지적측량 적부심사를 청구할 수 있다.
② 지방지적위원회는 지적측량에 대한 적부심사 청구사항과 지적기술자의 징계요구에 관한 사항을 심의·의결한다.
③ 시·도지사는 지방지적위원회의 의결서를 받은 날부터 7일 이내에 지적측량 적부심사 청구인 및 이해관계인에게 그 의결서를 통지하여야 한다.
④ 시·도지사로부터 의결서를 받은 자가 지방지적위원회의 의결에 불복하는 경우에는 그 의결서를 받은 날부터 90일 이내에 국토교통부장관을 거쳐 중앙지적위원회에 재심사를 청구할 수 있다.
⑤ 중앙지적위원회는 관계인을 출석하게 하여 의견을 들을 수 있으며, 필요하면 현지조사를 할 수 있다.

답② "지적기술자의 징계요구에 관한 사항"은 중앙지적위원회의 심의 의결 사항이므로 이 부분을 삭제하여야 옳다.

암기법

1. 서두르지 말 것

2. 하나씩 할 것

3. 확실하게 할 것

한번에 합격합시다!

부동산 공시에 관한 법령 (24문항) 체계

제1편 지적

공간정보의 구축 및 관리 등에 관한 법률 (12문항)		
법적 근거		주제별 편제
제3장	제1절 토지의 등록	제1장 토지표시
	제2절 지적공부	제2장 지적공부
	제3절 토지의 이동 신청 및 지적정리 등	제3장 토지이동
제2장	제4절 지적측량	제4장 지적측량

제2편 등기

부동산등기법 (12문항)		
법적 근거		주제별 편제
제1장 총칙 **제2장** 등기소와 등기관 **제3장** 등기부 등		**제1장 등기총설** (등기부와 등기)
제4장 등기절차	제1절 총칙 (**제5장** 이의 포함)	**제2장 공통등기절차** (이의 포함)
	제3절 권리에 관한 등기	**제3장 각종 등기절차1** (권리별 등기절차)
	제2관 소유권에 관한 등기	
	제3관 용익권에 관한 등기	
	제4관 담보권에 관한 등기	
	제5관 신탁에 관한 등기	**제4장 각종 등기절차2** (기타 등기절차)
	제6관 가등기	
	제7관 가처분에 관한 등기	
	제8관 관공서가 촉탁하는 등기	
	제1관 통칙(변경등기,말소등기,말소회복등기)	
	제2절 표시에 관한 등기(표제부등기)	

▌ 스티브섭스의 필수 암기법 ▌

<등기편>

암기01 등기할 수 있는 물건(토지) : 하**천**(지목이 하천 또는 제방, 용익권등기는 제외)   **도**로   방조**제**

암기02 등기할 수 있는 물건(건물) :

개방형축사(벽✗ 소(牛) 연면적 100㎡초과)   **고정식** 농업용 온실   **지붕**있는 컨테이너, 패널, 조적조 건축물

비각   **싸**이로(사일로 silo)   **유**류저장탱크

+ (집합건물) **전**유부분   **부**속건물   규약상**공용**부분   구분**점포**

암기03 등기할 수 있는 권리 :

소유권   (소유권에 대한)**지**상권(구분지상권 포함)   **지**역권   **전**세권(농경지 제외)   (소유권 지상권 전세권에 대한)**저**당권

권리질권(저당권부질권 부기등기 민법 제348조)   **채**권담보권   **임**차권

+ (특약시) **환**매권

이 외의 권리는 등기할 수 없다

암기04 ## 일부 용익 가능하지만, 일부 처분 없다

암기05 ## 지분 처분 가능하지만, 지분(대지권) 용익(전세권, 구분지상권) 없다

암기06 ## 합유지분은 존재하지만 등기하지 않는다

따라서 합유지분에 대한 다른 등기도 할 수 없다

암기07 ## (일부)지분만   보존등기   상속등기 없다 (일부지분만 보존등기 할 수 없다) (일부지분만 상속등기 할 수 없다)

보존등기 상속등기 외에는 "일부지분만 할 수 있다"

암기08 점유적효력O 추정적효력O 점유추정력✗ ('짬뽕은 없다'로 기억!)

암기09 **가**(=임시=예비=효력✗)**등기**, **표제부**(=표시)**등기** : **추정력이 없다!** → **가 표 없다**

61

암기10 **보**존등기 **말**소등기 **표**제부등기 **주등기**

암기11 등기**명**의인표시변경등기 **약**정(특약)등기 **가**등기**이**전등기 **부기등기**

암기12 **설**정등기 **이**전등기 **처**분제한등기 **소**유권 **주**등기 소유권**외**의권리 **부**기등기 (어?)

특히, 설정등기는 소유권 외의 권리의 개수로 힌트삼자! (실전적인 힌트이지 이론적인 힌트가 아님)
전세권**설정등기** : 소유권 외의 권리가 전세권 1개 → 1글자 "주"등기
전세권저당권**설정등기** : 소유권 외의 권리가 전세권 저당권 2개 → 2글자 "부기"등기

암기13 **전**부 **주**등기 **일**부 **부**기등기 말소**회복**등기

암기14 원칙적으로 부기등기이지만 **이해관계인의 승낙이 없으면 주등기**로 하는 등기는 **권리변경등기**

암기15 **가등기는 본등기의 형식대로**

암기16 **동**구(같은 구) **순**위번호 **별**구(다른 구) **접**수번호

암기17 **대**지권에 대한 등기로서 효력이 있는 등기와

대지권의 목적인 토지의 등기기록 중 해당 구에 한 등기의 순서는

접수번호에 따른다 (부동산등기법 제61조 제2항)

암기18 대항력 목적의 등기 : **임**차권 **신**탁등기 **환**매권 **채**권담보권 **임**의적신청정보 [임 신 한 채 임 (씨) ?]

암기19 **5대 무효등기 : 관할✕ 사건✕ 계약✕ 허가✕ 멸실**···유용

암기20 **5대 무효등기(관할 사건 계약 허가 멸실) 이외의 등기는 유효등기!**

암기21 **완료**(마쳤다. 교합. 등기관을 나타내는 조치. 식별부호를 기록) **후 접수**(저장)**시**로 **소급**

암기22 등기기록의 일부 : **신**탁원부 👟 **공**동담보목록 ⚽ **도**면 **매**매목록

암기23 **대지권이라는 뜻 : 토지등기부. 갑구나 을구. 직권. 주등기.**

암기24 **신**청 **접**수(저장) **기**입(기록)(입력) **조**사(심사) **교**합(완료) **등**기필정보작성통지

(신발을 접기하는 조교의 등짝?^^)

암기25 절차법상 ➡ 등기부상

등기의무자 ➡ 불리(한 자)

등기권리자 ➡ 유리(한 자)

암기26 판결에 의한 등기 : 승소한 자(단, 공유물분할판결은 예외). **단독신청**

이행판결O. 형성판결✗ (단, 공유물분할판결은 예외). 확인판결✗

판결정본 + **확정증명서** 송달증명서✗

판결확정 후 10년이 경과한 경우에도 가능

암기27 지분의 일부 이전 : 이대한의 **3분의 1 중 절반**을 이전하는 경우

"1번 이대한지분 **3분의 1중 일부(6분의 1)**이전"으로 기록

암기28 합유자 중 일부 탈퇴, 추가, 사망 시 : **합유명의인변경등기**

(합유명의인**표시**변경등기 ✗)

암기29 **법인 아닌 사단 · 재단 명의**의 등기를 할 때에는

그 대표자나 관리인의 성명 · 주소 및 **주민등록번호를 함께** 기록하여야 한다.

암기30 **보**존등기 **상**속등기 **신**탁등기

(등기명의인, 부동산)**표시**변경등기 **판**결등기 **법인합병**등에 따른 부동산등기

  : **단독신청**

+ **촉**탁등기 **수**용등기

암기31 **태**아(판) (민법상)**조**합 **학교** **읍** 면 동 리 **등**록 안 된 사찰 **본**부 지부 지회

: 등기명의인(등기신청적격. 등기당사자능력) **안돼요~**

암기32 **존**속기간 **변**제기 **약**정(특약) **이**자 **지**료 ~ : 등기할 수 있다(임의적 등기사항)

암기33 증여. 매매. 교환. 신탁. : 농지취득자격증명 O

암기34 국가 지자체가. 진정명의회복. 시효취득. 상속. 가등기 ? : 농지취득자격증명 X

암기35 소유권이전등기. 소유권이전가등기.
지상권설정등기. 지상권설정가등기.
지상권이전등기. 지상권이전가등기. : 토지거래허가증명 O

암기36 국가 지자체가. 진정명의회복. 시효취득. 상속. 무상(증여 신탁) ! : 토지거래허가증명 X

암기37 주소증명정보 : 보존등기 설정등기 이전등기 권리자추가권리변경등기 : 등기권리자
단, 소유권이전등기는 등기의무자도

암기38 등기신청시 등기필정보 없는 경우 대용서면으로 구제되고 이 경우 (언제나) 인감증명 제공!

암기39 법인등기사항증명서 대장정보 인감증명정보 가족관계등록정보 주민등록정보 : 발행일부터 3개월 이내

암기40 국가 지자체 국제기관 외국정부 : 국토교통부장관
외국인 : 체류지를 관할하는 지방출입국 또는 외국인 관서의 장
법인 (외국법인 포함) : 주된 사무소 소재지 관할 등기소의등기관 마신
주민등록번호 없는 재외국민 : 대법원 소재지 관할 등기소의 등기관 는
비법인(법인 아닌 사단 재단)(등기 안 한 외국법인 포함) : (관할의 제한이 없음) 시속장 군수 구청장 카드로
→ 국 외 에서 법 주마신 주 대는 비 시카드로.

암기41 총유물의 처분은 사원총회의 결의에 의한다. (민법 제276조 제1항)
(법인 아닌 사단) (등기의무자) (사원총회결의서)

암기42 각하 이의 : 종이 (가수 허각이 들고 있는 종이는 누구 종이? 각이 종이)

암기43 **부동산등기법 제29조 제2호 "사건이 등기할 것이 아닌 경우"에 해당하는 예**

1. **등기능력 없는**

    ① 등기하지 않는 물건

    ② 등기하지 않는 권리

    ③ 가등기에 의한 본등기 금지 가처분

    ④ 물권적 청구권을 보전하기 위한 가등기

2. **법령근거 없는**

3. **전유부분 대지사용권 분리**

4. **농지 전세권**

5. **저당권 피담보채권 분리**

6. **일부지분 보존등기**

7. **일부지분 상속등기**

8. **촉탁등기를 신청**

9. **다시 보존등기**

10. **그 밖에 법률상 허용될 수 없음이 명백한 등기를 신청한 경우**

    ① (부동산)일부만 보존등기

    ② (부동산)일부만 처분등기

    ③ (공유)지분 용익등기

    ④ 환매특약등기를 소유권이전등기와 동시에 신청하지 않은 경우

암기44 이의신청 : • **새**로운 사실이나 증거방법으로 이의신청을 할 수 <u>없다</u> • **구두**로는 할 수 <u>없다</u>(반드시 서면) • **집**속행정지의 효력이 <u>없다</u> • **기**속간의 제한이 <u>없다</u> • '**이유** <u>없다</u>' 의 경우 이의신청	**없다**
새 구두 집 기 이유 없다!	

암기45 **토지**에만 있는 최초의 소유권증명(즉 건물 소유권보존등기 할 수 없음): **"국(국가)"**을 상대로 한 소유권증명

건물에만 있는 최초의 소유권증명(즉 토지 소유권보존등기 할 수 없음): **특**별자치도지사 **시**장 **군**수 **구**청장(자치구)의 확인"

암기46 **직권보존등기 : 미등기** (법원의) (소유권에 대한) **처분제한등기의 촉탁시**

(경매, 가압류, 가처분, 주택임차권)

암기47 **특**정유증 **등**기해야 **유**증의 효력이 생긴다 ~

암기48 신탁등기 :

- **수**탁자
- **단**독신청
- 권리등기와 **일**괄하여 동시에 하나의 번호 하나의 등기로
- 위탁자나 수익자는 수탁자를 **대**위할 수 있다
- 대위할 때에는 **동**시를 요하지 아니한다(대위시는 동시 **없어**).
- 수탁자가 여러 명인 경우 수탁자(**합**유)로 등기한다
- 신탁**원**부는 등기기록의 일부로서 부동산 별로 등기관이 작성
- 신탁**가**등기가 가능하다
- 신탁재산이 수탁자의 고유재산이 되는 경우 그 뜻의 등기는 **주**등기로 실행한다

→ **수 단   일 대   동없어   합**(해도)   **원 가 주 ?**

암기49 **설**정 **이**전 **변**경 **소**멸 **시**기부 **정**지조건부 **장래**에확정될 청구권보전 **가등기**

(**설이**가 쓰는 **변소**의 문제를 **시정**했으니 **장래**에는 좋을거야)

암기50 **처분제한등기 후 처분등기 가능(통설 판례)**

66

▌ 스티브섭스의 필수 암기법 ▌

<지적편>

암기51	**지적이념(모든 토지 등록) : 국토교통부장관**(국가). 토지표시. 지적공부. 등록. 조사 측량.

암기52	**지적실무(토지표시 결정) : 지적소관청**. 토지이동이 있을 때. 토지소유자의 신청에 따라.

암기53	지적소관청 직권등록 : **토지이동** 현황조사계획 > 현황조사 > 조사부 > 조서 > 정리결의서 > 정리

암기54	**임야대장 및 임야도. 숫자 앞에 '산'**

암기55	(지번부여) 신규등록 등록전환의 예외 : **최**종지번의 토지에 인접. **멀**리떨어져. **여**러필지.

암기56	지번선택기준 (합병) (확정) : **본번**(단식지번) **중 선순위** (합병: 1개) (확정 : 여러 개)

암기57	지적**확정**측량 = 도시**개발**사업 = **경위의**측량방법 = 경계점**좌표**등록부 = **1/500**

암기58	지적**확정**측량 **준용** : 지**번**변경 행정구역**개**편(변경) **축**척변경 지적**확정**측량 **적용** : 준공 **전**지번부여신청(사업계획도)

암기59	공**장**용지 장, 주**차**장 차, 하**천** 천, 유**원**지 원. (**"공장**(용지) **주차장 (옆) 하천 유원지"**로 외울 것)

암기60	**용출 ⇨ "광천지"**

암기61	**보관 ⇨ "창고용지"**

암기62	**수로 ⇨ "구거"** (영화배우 김**수로**씨가 좋아한 과목 : **구거**(국어)

암기63	**경. 합**병. 지**목변경**. **지. 말. 행. 위. 도. 현. 면**적환산. 면적측정**하지않다**

암기64	**고**저(높낮이차이)가 있을 때 **하**단부. **절**토 **상**단부.

암기65	**판**결. **사**업지구경계. **도**시군관리계획선. **공**공. : **자르는**(걸리게 할 수 있는) **예외**

암기66	**판**결. **사**업지구경계. **도**시군관리계획선. **공**공**취득**. 원칙분할. 인ㆍ허가 : 표지설치 **할 수 있다**

암기67

지적서고 관련 중요부분 정리 :

바깥쪽 **철**제 **안**쪽 철**망** (**바**깥 양반이 **철**들면 집안이 **안망**한다)

2065 (**20**°C ±5 **65**% ±5)

높ㅇㅣㅣㅇ cm 이상

지적공부, 지적관계서류, 지적측량장비 **만** 보관

암기68

고유번호. **도**면번호. **장**번호. **소**재. **지**번. (오래된(**고**故) **도장**을 **소지**하고 있는)

지목. **축**척. **소**유자. ((내가) **목축**하고 있는 **소**가 말을 하네요)

면적. 토지이동**사**유. **등**급. 개별공시**지**가. **용**도지역. (점심으로 "**면 사든**(등)**지요**(용)**?**")

암기69

~~**고**유번호~~. **도**면번호. ~~**장**번호~~. **소**재. **지**번.

지목. **축**척. ~~**소**유자~~. (**도면**에 **고**유번호 **소**유자 **장**번호 **없다!**)

그림 관련 (6가지 : 색인도, 도면의 제명, 도곽선과 그 수치,

경계, 삼각점 및 지적기준점의 위치, 건축물 및 구조물의 위치**)**

암기70

고유번호. **도**면번호. **장**번호. **소**재. **지**번.

부호 및 부호도. **좌**표.

암기71

고유번호. ~~**도**면번호~~. **장**번호. **소**재. **지**번.　　　**소**유자. **지**분.

암기72

고유번호. ~~**도**면번호~~. **장**번호. **소**재. **지**번.　　　**소**유자. **지**분.

건물명칭. **전**유부분건물표시. 대**지**권비율.

암기73 **대표, 면 사 등 지 용 ?** "대표, (오늘 점심은) 면 사든지요?"

암기74 **토**지대장 **임**야대장 **공**유지연명부 **대**지권등록부 **소유자**있다　토임공대 소유자?

암기75 **공대에 지분은 있고 도면번호는 없다!**

암기76 **심**사 **신**청 **제**공 : 지적전산자료의 이용 절차(승인절차가 폐지된 것이 핵심)

암기77 등록전환 : **산 불 지 도**

- **산**지 건축 개발행위허가.
- 임야도 존치 **불**합리.
- **지**목변경불가.
- **도**시군관리계획선

암기78 분할 : **매 정 허 용**

- **매**매 분할
- 시**정** 분할
- **허**가 분할
- 일부**용**도변경 분할

암기79 (권리측면) 합병할 수 있는 경우 : 소용동동특 ⇨ 합병O   이외의 권리관계 ⇨ 합병✘

- **소**유권
- **용**익권
- 등기원인 연월일 접수번호가 **동**일한 저당권
- 등기사항이 **동**일한 신탁등기
- **특**례(대장상 합병등록절차를 마친 후)

암기80 사유발생일부터 60일 이내에 합병을 신청하여야 한다(11개의 지목, 유원지 없음).

도로 **제**방 하**천** **구**거 **유**지

공**장**용지 **학**교용지 **철**도용지 **수**도용지 **공**원 **체**육용지

암기81 지목변경 : **국 토 건 전**

- **국**토계획 형질변경
- **토**지 용도변경
- **건**축물 용도변경
- 준공**전** 합병신청

암기82 다시 토지가 된 경우 : **지적소관청** 회복등록 **할 수 있다**

암기83 경계점표지설치 :

- **30일이내.**
- **토지소유자 또는 점유자.**
- **점유하고 있는 경계에**

암기84 납부고지 또는 수령통지 :

- **청산금의 결정을 공고한 날부터.**
- **20일이내.**

암기85 청산금 이의신청 :

- 납부고지 수령통지 **받은날부터.**
- **1개월이내.**
- **지적소관청에.**

암기86 **납**부 : (납부고지)**받**은날부터 **6**개월이내

수령 : (수령통지)**한**날부터 **6**개월이내

암기87 신청정정(2가지) : **경 미 는 정정을 신청한다.**

- **경**계 면적의 변경을 가져오는 경우
- **미**등기 토지소유자표시

암기88 직권정정(9가지+1가지) : **정 리 면 접 의결 통지 작 성 산 입 초**

- 토지이동**정리**직결의서의 내용과 다르게
- **면**적의 증감 없이 경계의 위치만 잘못
- 경계가 **접**합되지 않을 때
- 지적위원회의 **의결**
- 합필등기를 각하한 등기관의 **통지**(지적소관청의 착오로 잘못 합병한 경우에 한정한다)
- **작**성 재작성 당시 잘못
- 지적측량**성**과와 다르게 정리
- 면적환**산**을 잘못
- 잘못 **입**력
- **+** (등록전환) 허용오차범위 **초**과

암기89 등기촉탁 하지 않는 경우 :

1. **신규등록**   2. 토지**소유자**정리

암기90 계획 준비 답사 선점 조표 관측

암기91 공보 또는 인터넷홈페이지

암기92 지적현황측량 경계복원측량 : 검사측량 ✗   현경이는 검사받지 않는다

암기93 지적측량수행계획서 :   그 다음날까지. 지적소관청에.

암기94 지적측량성과에 대하여 다툼이 있는 경우 : 관할 시도지사를 거쳐 지방지적위원회에 적부심사

암기95 의결에 대하여 불복하는 경우 : 90일 이내. 국토교통부장관을 거쳐 중앙지적위원회에 적부재심사

암기96 지방지적위원회 심의의결사항 : 지적측량적부심사

암기97 중앙지적위원회 심의의결사항 : 지적측량적부재심사. 정책. 기술. 기술자

암기98 지적위원회의 위원수 : 정부위원장 포함 5명 ~ 10명

암기99 지적위원회 위원의 임기 : 정부위원장 제외 2년

암기100 위원장 회의소집 5일전까지 서면 통지

〔시험에 딱 필요한 것만〕

스티브 섭스 임의섭 파이널패스 100선(3편)

대표문제100

"출제포인트 + 암기법"

1. 서두르지 말 것

2. 하나씩 할 것

3. 확실하게 할 것

한번에 합격합시다!

<등기편>

●●●

1. **등기사항** 에 관한 내용 중 <u>틀린</u> 것은?

① 소유권, 지상권(구분지상권 포함), 지역권, 전세권, 저당권, 권리질권, 채권담보권, 임차권은 등기할 수 있는 권리이다.

② 개방형축사, 고정식 농업용 온실, 지붕 있는 컨테이너 건축물이나 패널 구조 건축물, 비각, 싸이로, 유류저장탱크는 건물로 등기할 수 있다.

③ 하천법상의 하천(지목이 하천 또는 제방일 것, 용익권등기는 제외), 도로법상의 도로, 방조제는 등기할 수 없다.

④ 용익등기는 부동산의 일부에는 가능하나 지분에는 불가능하고, 처분등기의 경우에는 이와 반대이다.

⑤ 수인의 권리자 중 1인이 자기지분만 등기할 수 없고 전원명의로(=1이 되게) 등기하여야 하는 경우로 보존등기, 상속등기가 있다.

●●●

2. 다음 중 **등기사항** 인 것은?

① 임차권을 목적으로 하는 근저당권

② 부동산의 합유지분에 대한 가압류

③ 구분지상권

④ 농지에 대한 전세권

⑤ 주위토지통행권

```
●●● : 출제가능성 매우 높음
●●  : 출제가능성 높음
●   : 출제가능성 있음
```

1. **출제포인트**

① **소. 지. 지. 전. 저. 권. 채. 임.** + (특약시)**환**

② **개방형축사. 고정식. 지붕. 비. 싸. 유.**

③ **천. 도. 제.** (토지로 등기할 수 있다)

④ **지분. 용익. 없다.**

⑤ **(일부)지분만 보**존등기. **상**속등기. **없다.**
   이 외에는 자기지분만 등기하는 것이다.
   → (**지분만. 본등기. 할 수 있다**)
   → (**지분만. 포괄유증. 할 수 있다**)

2. **출제포인트**

① (근)저당권의 목적인 권리에는
   소유권, 지상권, 전세권이 있다.

② **합유지분 존재하지만 등기하지않는다.**

③ 구분지상권도 등기가능.

④ 농지. 전세권. 할 수 없다.
   2호 각하. 등기되어도 직권말소.

⑤ 소. 지. 지. 전. 저. 권. 채. 임. +환
   에 없으므로 등기할 수 없다.

3. **부기등기** 로 실행하는 등기가 <u>아닌</u> 것은?

① 전세권설정등기
② 전세권저당권설정등기
③ 전세권이전등기
④ 이해관계인의 승낙을 얻은 전세권변경등기
⑤ 전세권에 대한 가압류등기

4. **등기의 순위** 다음 중 <u>틀린</u> 것은?

① 같은 부동산에 관하여 등기한 권리의 순위는 법률에 다른 규정이 없으면 등기한 순서에 따른다.
② 등기의 순서는 등기기록 중 같은 구(區)에서 한 등기 상호간에는 순위번호에 따르고, 다른 구에서 한 등기 상호간에는 접수번호에 따른다.
③ 부기등기(附記登記)의 순위는 주등기(主登記)의 순위에 따른다. 다만, 같은 주등기에 관한 부기등기 상호간의 순위는 그 등기 순서에 따른다.
④ 가등기에 의한 본등기를 한 경우 본등기의 순위는 가등기의 순위에 따른다.
⑤ 대지권에 대한 등기로서의 효력이 있는 등기와 대지권의 목적인 토지의 등기기록 중 해당 구에 한 등기의 순서는 순위번호에 따른다.

3. **출제포인트**

① <u>(소유권)전세권설정등기. 주등기.</u>
② 전세권저당권설정등기. 부기등기.
③ 소유권 외의 권리 이전등기. 부기등기.
④ 이해관계인의 승낙을 받은 전세권변경등기는 부기등기, 받지 못하면 주등기
⑤ 소유권 외의 권리에 대한 처분제한의 등기. 부기등기.

4. **출제포인트**

① 등기한 권리의 순위. 등기한 순서.
② **동. 순. 별. 접.**
③ 부기등기 : 주등기와 동순위.
　　같은 주등기의 부기등기 상호간 : 그 등기순서.
④ 본등기는 가등기와 동순위.
　　본등기시 순위확정의 시기가 소급.
⑤ **대대접** : **대**지권등기(집합건물등기부) vs **대**지권이라는 뜻의 등기(토지등기부) : **접**수번호

5. 등기의 효력 에 관한 설명으로 옳은 것은?

① 등기에는 물권변동의 효력이 없다.

② 우리나라에서는 등기의 대항적 효력이 없다.

③ 소유권이전등기가 경료되어 있는 경우 그 등기명의인은 그 전소유자에 대하여는 추정력이 없다.

④ 등기에는 점유추정력은 없지만 점유적 효력은 있다.

⑤ 등기의 공신력은 부정되지만, 선의 제3자를 보호하기 위하여 필요한 경우이거나 거래의 안전을 위하여 필요한 경우에는 공신력을 인정하는 예외가 있다.

등기의 효력

순위확정적효력

물권변동적효력

대항적효력

추정적효력

점유적효력

형식적확정력

5. 출제포인트

① 순. **물**. 대. 추. 점. 형.
　　(물권변동적 효력이 있다)

② 순. 물. **대**. 추. 점. 형.
　　(대항적 효력이 있다)

③ 순. 물. 대. **추**. 점. 형.
　　(을의 추정력이 갑에게도 미친다)

④ 순. 물. 대. 추. **점**. 형.
　　(점유적 효력이 있다)

⑤ 공신력은 순. 물. 대. 추. 점. 형. 에 없다.
　　(부동산등기의 공신력은 예외 없이 부정된다)

6. 등기의 추정력 에 대한 설명으로 틀린 것은?

① 등기가 있으면 실체관계가 있는 것으로 인정되는 것을 말한다.

② 입증책임은 그 무효를 주장하는 자에게 있다.

③ 표제부의 등기에는 추정력이 없다.

④ 가등기에도 추정적효력이 있다.

⑤ 판례는 권리변동의 당사자간에도 추정력을 인정한다.

6. 출제포인트

① 권리. 원인. 절차의 적법추정

② <u>추정 받는 자는 입증하지 않아도 된다. 즉 소송에서 유리하고 이것이 추정의 현실적 의미</u>

③ 표제부의 등기는 추정의 대상이 아니다.

④ 가등기에는 추정적효력이 없다(판).
　　"가(假)" = 임시 = 예비 = "(권리)효력 없다"

⑤ 乙의 추정력이 甲에게도 미친다.
　　(=권리변동 당사자 간에도 추정력 인정).(판)

7. 　등기의 효력　에 관한 다음 설명 중 <u>틀</u><u>린</u> 것은?

① 어느 부동산에 관하여 등기가 경료되어 있는 경우 특별한 사정이 없는 한 그 원인과 절차에 있어서 적법하게 경료된 것으로 추정된다.

② 관할을 위반한 등기나 사건이 등기할 것 아닌 등기라 하더라도 실체관계에 부합하는 한 그 등기를 무효라 할 수는 없다.

③ 위조한 첨부서면에 의한 등기나 무권대리인에 의한 등기라 하더라도 실체관계에 부합하는 한 그 등기를 무효라 할 수는 없다.

④ 등기가 존재하고 있는 이상은 그 유무효를 막론하고 형식상의 효력을 가지는 것이므로, 그것을 말소하지 않고서는 그것과 양립할 수 없는 등기는 할 수 없다.

⑤ 등기관이 등기를 마친 경우 그 등기는 접수한 때부터 효력을 발생한다.

(시험에 잘 나오는) 5대 무효등기

1. **관할** 아니면
2. **사건** 아니면
3. **계약** 없으면
4. **허가** 없으면
5. **멸실**(등기의) 유용

외에는 유효 로 판단하면 객관식을 쉽게 풀 수 있다!

7. 　출제포인트

① 권리. 원인. 절차의 적법추정

② 관할을 위반한 등기. 절대적 무효.
　　(<u>1호, 2호는 등기되어도 절대적 무효!</u>)

③ **위조한 첨부정보(9호). 무권대리인(3호).**
　　상대적. (실체부합하는 것이 원칙이므로) 유효.
　　(3호 이하는 등기되면 원칙적으로 유효)

④ 형식적 확정력 (= 후등기저지력)

⑤ 등기**효력발생시기** :
　　"등기**완료 후 접수**(=저장)**시 소급**"

8. 　등기의 효력　에 관한 설명으로 <u>틀린</u> 것은?

① 甲소유 미등기부동산을 乙이 매수하여 乙명의로 한 소유권보존등기도, 부동산을 증여하였으나 등기원인을 매매로 기록한 소유권이전등기도 유효하다.

② 건물멸실로 무효인 소유권보존등기는 이해관계 있는 제3자가 있기 전 신축건물에 유용하기로 합의한 경우에도 무효이다.

③ 실체적 권리관계의 소멸로 인하여 무효가 된 담보가등기라도 이해관계 있는 제3자가 있기 전에 다른 채권담보를 위하여 유용할 수 없다.

④ 전세권설정등기를 하기로 합의하였으나 당사자 신청의 착오로 임차권으로 등기된 경우, 권리자는 甲임에도 불구하고 당사자 신청의 착오로 乙명의로 등기된 경우 모두 그 불일치를 경정등기로 시정할 수 없다.

⑤ 토지거래허가구역 내의 토지에 관하여, 중간생략등기의 합의 하에 최초매도인과 최종매수인을 당사자로 하는 토지거래허가를 받아 최초매도인으로부터 최종매수인 앞으로 한 소유권이전등기는 무효이다.

8. 　출제포인트　 (실전) 5대 무효등기로 판단!

① 모두생략등기. 원인불일치등기. :
　　처벌되어도 실체부합하므로 등기는 유효

② **표제부등기(멸실등기 등)는 유용해도 무효!**
　　(멸실건물 ≠ 신축건물)

③ 무효등기의 유용 : 유효
　　권리등기(갑구 을구)에 한.
　　이해관계인이 없는 경우에 한.

④ 당사자의 착오. 동일성 요함.
　　전세권과 임차권은 동일성 없음. 경정 못함.

⑤ **토지거래허가구역 중간생략등기** :
　　허가 없어서 권리변동무효. 따라서 등기도 **무효**.

9. **집합건물등기** 에 관한 설명 중 <u>틀린</u> 것은?

① 대지권등기를 하였을 경우, 1동 건물의 등기기록의 표제부에 소유권이 대지권이라는 뜻의 등기를 한다.

② 1동 건물의 표제부에 대지권의 목적인 토지의 표시에 관한 사항을 기록한다.

③ 전유부분의 표제부에 대지권의 표시에 관한 사항을 기록한다.

④ 공동규약을 폐지하는 경우 그 성질은 지분의 이전이지만 갑구가 없었으므로 새로운 취득자가 소유권보존등기를 하여야 한다.

⑤ ④의 경우 표제부의 공용부분이라는 뜻의 기록을 지운다.

대지권이라는 뜻의 등기(기록)

1. 토지 등기부(등기기록)

2. 갑구나 을구

3. 직권

4. 주등기

---

9. **출제포인트**

① **소유권**이 대지권이라는 뜻.
　<u>토지</u>의 등기기록. **갑구**. 직권. 주등기.

②③
　<1동건물 표제부>

| 1동의 건물의 표시 (소재 지번 건물명칭 건물번호 건물내역) |
| 대지권의 목적인 토지의 표시 (소재 지번 지목 면적) |

　<전유부분 표제부>

| 전유부분의 건물의 표시 (건물번호 건물내역) |
| 대지권의 표시 (대지권종류 대지권비율) |

④ 법 제47조제2항

⑤ 규칙 제104조제5항

---

10. **집합건물등기** 에 관한 설명 중 <u>틀린</u> 것은?

① 규약상 공용부분은 등기부에 공용부분이라는 뜻을 기록하여야 한다.

② 1동 건물을 구분한 건물에 있어서는 1동의 건물에 속하는 전부에 대하여 1등기기록을 사용한다. 다만, 구분건물의 열람 발급에 있어서는 1동의 건물의 표제부와 해당 전유부분에 관한 등기기록만을 1개의 등기기록으로 본다.

③ 구분건물의 요건을 갖춘 1동의 건물 전체를 일반건물로 등기할 수 없다.

④ 대지권등기 후 건물소유권에 대한 등기를 하였다면, 그 등기는 건물 만에 한한다는 뜻의 부기가 없는 한 대지권에 대하여도 동일한 효력을 가진다.

⑤ 건물의 등기기록에 대지권의 등기를 한 때에는 그 권리의 목적인 토지의 등기기록에 대지권이라는 뜻의 등기를 하여야 한다.

---

10. **출제포인트**

① 규약상 공용부분. 표제부만.

② 구분건물에서 1등기기록
　편성 사용 : 구분건물 전부
　열람 발급 : (공동표제부 + 해당 전유부분)만

③ **구분건물로 등기할지. 일반건물로 등기할지.**
　<u>건물소유자의 의사에 따른다.</u>

④ **대지권.**
　= **(전유부분소유자 = 대지사용권자)하려는 장치**
　= **같이 처분**(특약이 없는 한)

⑤ **대지권이라는 뜻 :**
　토지의 등기기록. 갑구나 을구. 직권. 주등기.

11. 대지권등기 에 관련된 설명으로 틀린 것은?

① 전유부분과 같이 처분되는 대지사용권을 대지권이라 한다.

② 대지권이라는 뜻의 등기가 된 토지의 등기기록에는 처분등기를 할 수 없다.

③ 대지권을 등기한 건물의 등기기록에는 그 건물 만에 관한 처분등기를 할 수 없다.

④ 대지권에 대한 전세권설정등기는 하지 못한다.

⑤ 대지권을 등기한 건물의 등기기록에는 그 건물 만에 관한 전세권설정등기를 할 수 없다.

11. 출제포인트

① 전유부분과 같이 처분되는 대지사용권
   = 대지권

② 대지권설정 후.
   토지에 별도의 처분등기 하지 않게 된다.

③ 대지권설정 후.
   건물만 처분등기를 할 수 없게 된다.

④ 대지권에 전세권. 못한다. (지분. 용익. 없다)

⑤ 대지권설정 후.
   건물만. 전세권. 할 수 있다.
   ∵ 전유부분소유자 = 대지사용권자가 유지됨.

12. 등기기록의 열람 및 발급 에 관한 설명으로 옳은 것은?

① 인터넷 열람 등의 모든 인터넷 등기서비스는 365일 24시간 제공하는 것을 원칙으로 한다.

② 인터넷에 의한 등기기록의 열람 및 등기사항증명서 발급의 경우에도 신청서의 제출은 필요하다.

③ 무인발급기를 이용하여 발급할 수 있는 등기사항증명서는 말소사항포함 등기사항전부증명서에 한한다.

④ 등기소장은 등기기록의 분량과 내용에 비추어 무인발급기나 인터넷에 의한 열람 또는 발급이 적합하지 않다고 인정되는 때(무인발급 : 16장 이상, 인터넷발급 : 갑구 및 을구 명의인 500인 이상)에는 이를 제한할 수 있다.

⑤ 등기신청이 접수된 부동산에 관하여는 등기관이 그 등기를 마칠 때까지 등기사항증명서를 발급하지 못한다. 다만, 그 부동산에 등기신청사건이 접수되어 처리 중에 있다는 뜻을 등기사항증명서에 표시하여 발급할 수 있다.

12. 출제포인트

① 인터넷 열람 등 서비스(상호검색 서비스는 제외)는 365일 24시간 제공원칙.

② 인터넷 등기서비스 :
   신청서의 제출을 요하지 아니한다.

③ 무인발급기 :
   등기사항전부증명서(말소사항포함. 현재유효사항)
   2종 모두 가능.

④ 전산화된 등기행정(무인발급. 인터넷 열람 발급):
   법원행정처장이 제한.

⑤ 접수되면 발급 금지.
   단, 접수 처리 중인 뜻을 표시하여 발급가능.

13. 단독신청 에 의하는 등기를 모두 고른 것은? (단, 판결에 의한 신청은 제외)

ㄱ. 소유권보존등기의 말소등기
ㄴ. 전세금을 증액하는 전세권변경등기
ㄷ. 법인합병을 원인으로 한 소유권이전등기
ㄹ. 특정유증으로 인한 소유권이전등기
ㅁ. 신탁등기

① ㄱ, ㄷ
② ㄱ, ㄹ
③ ㄴ, ㄹ
④ ㄱ, ㄷ, ㅁ
⑤ ㄷ, ㄹ, ㅁ

단독신청
보존등기
상속등기
신탁등기
표시등기
판결등기
법인합병에 따른 부동산등기
+ **촉탁**등기, **수**용등기

13. 출제포인트

ㄱ. **보**. 상. 신. 표시. 판. 법인합병. 단독신청.
　+ 촉. 수.
ㄴ. 권리변경등기는 공동신청.
ㄷ. 보. 상. 신. 표시. 판. **법인합병**. 단독신청.
　+ 촉. 수.
ㄹ. 유증등기는 공동신청.
ㅁ. 보. 상. **신**. 표시. 판. 법인합병. 단독신청.
　+ 촉. 수.

14. 등기신청 에 관한 설명으로 <u>틀린</u> 것은?

① 공동신청이 요구되는 등기라 하더라도 다른 일방의 의사표시를 명하는 이행판결이 있는 경우에는 단독으로 등기를 신청할 수 있다.
② 매도인 甲과 매수인 乙이 매매계약을 체결한 후 아직 등기신청을 하지 않고 있는 동안, 매도인 甲이 사망한 경우에는 상속등기를 생략하고 甲의 상속인이 등기의무자가 되어 그 등기를 신청할 수 있다.
③ 유증을 원인으로 하는 소유권이전등기의 경우, 특정유증은 공동신청에 의하고, 포괄유증은 단독신청에 의한다.
④ 채권자는 민법 제404조에 따라 채무자를 대위(代位)하여 채무자명의의 등기를 신청할 수 있다.
⑤ 甲, 乙, 丙 순으로 소유권이전등기가 된 상태에서 甲이 乙과 丙을 상대로 원인무효에 따른 말소판결을 얻은 경우, 甲이 확정판결에 의해 丙명의의 등기의 말소를 신청할 때에는 乙을 대위하여 신청하여야 한다.

14. 출제포인트

① 판결. 단독. 신청.
② 상속인에 의한 등기.
③ **유증등기는 공동신청**.
④ 채권자가 채무자명의의 등기를 대위 신청.
⑤ 丙 등기 말소의 당사자는 乙과 丙이고, 甲은 당사자가 아니므로 乙을 대위할 수 있을 뿐 직접 말소를 구할 수는 없다. [**납량특집판례**]

15. 　판결에 의한 등기　에 관하여 틀린 것은?

① 판결에 의하여 소유권이전등기를 신청하는 경우, 그 판결주문에 등기원인의 기록이 없으면 등기신청서에 '확정판결'을 등기원인으로 기록하여야 한다.

② 확정되지 아니한 가집행선고가 붙은 판결에 의하여 등기를 신청한 경우 등기관은 그 신청을 각하하여야 한다.

③ 판결에 의한 소유권이전등기 신청서에는 판결정본과 그 판결에 대한 확정증명서를 첨부하여야 한다.

④ 공유물분할판결이 확정되면 그 소송의 피고도 단독으로 공유물분할을 원인으로 한 지분이전등기를 신청할 수 있다.

⑤ 매매계약이 무효라는 확인판결에 의한 소유권이전등기의 말소등기도 승소한 자가 단독으로 신청할 수 있다.

15. 　출제포인트

① 판결주문에
　　등기원인 없으면 '확정판결'.
　　등기원인일자 없으면 '판결선고일'

② 확정되지 않은 판결. 등기할 수 없다(각하).

③ 판결등기의 등기원인증명정보 :
　　판결정본과 확정증명서. **확정O**

④ 공유물분할판결. 승소든 패소든. 원고든 피고든.
　　판결등기 할 수 있다.

⑤ 판결등기 : **확인✗. 송달✗.**

16. 　등기당사자능력　에 관한 설명으로 틀린 것은?

① 아파트 입주자대표회의의 명의로 그 대표자 또는 관리인이 등기를 신청할 수 있다.

② 민법상 조합이 소유하는 부동산은 조합원의 합유로 등기한다.

③ 특별법에 의하여 설립된 농업협동조합의 부동산은 조합의 명의로 등기하여야 한다.

④ 국가나 지방자치단체도 등기신청의 당사자능력이 인정된다.

⑤ 본부·지부·지회는 그 단체성을 인정받아 등기명의인이 될 수 있다.

등기명의인이 될 수 없는 경우
(태 조 학교 읍 등 본 : 안돼요)
태아
조합
학교
읍 면 동 리
등록 안 된 사찰
본부 지부 지회

16. 　출제포인트

등기당사자능력(=등기신청적격=등기명의인자격)?
인간(자연인)이거나 **단체**(법인, 비법인)이어야.

① 아파트입주자대표회의는 **단체라서O**

② 태. **조**. 학교. 읍. 등. 본. 안돼요.

③ 특별법상 조합은 **단체라서O**

(민법상) 조합의 부동산	특별법상 조합의 부동산
합유자 甲 乙 丙 (=조합원 전원 명의의 합유로 등기)	소유자 ○○조합 (=조합명의로 등기)

④ 국가 지자체는 **단체라서O**

⑤ 태. 조. 학교. 읍. 등. **본**. 안돼요.

●●● 　　　　　　　　　　　　　　　　●●

17. 등기신청시 제출하는 **인감증명** 에 관한 설명으로 **틀린** 것은?

① 소유권 등기명의인이 등기의무자로서 등기를 신청하는 경우 등기의무자의 인감증명을 제출하여야 한다.

② 소유권 가등기명의인이 가등기의 말소등기를 신청하는 경우 가등기명의인의 인감증명을 제출하여야 한다.

❸ 소유권 외의 권리의 등기명의인이 등기의무자로서 **등기필정보가 없어** 확인조서로 등기를 신청하는 경우 등기의무자의 **인감증명을 제출할 필요가 없다**.

④ 협의분할에 의한 상속등기를 신청하는 경우 상속인 전원의 인감증명을 제출하여야 한다.

⑤ 소유권이전등기의 등기의무자가 다른 사람에게 권리의 처분권한을 수여한 경우에는 그 대리인의 인감증명을 함께 제출하여야 한다.

18. 등기신청시 **등기필정보** 의 **제공** 이 필요한 경우는?

① 소유권보존등기의 신청시

② 상속등기의 신청시

③ 관공서의 등기촉탁시

④ 승소한 등기권리자의 등기신청시

⑤ 승소한 등기의무자의 등기신청시

17. **출제포인트**

① 소유자. 등기의무자. 인감증명○

② 소유권 가등기명의인. 가등기말소. 인감증명○

③ 등기필정보 없어. ⇨ 인감증명○

④ 협의분할 상속등기. 상속인 전원의 인감증명○

⑤ ①②③④의 등기를 임의대리인이 신청하는 경우 본인과 대리인의 인감증명을 함께 제출○

18. **출제포인트**

①②③④ **단독신청** ⇨ 등기필정보✗

⑤ **등기신청시 등기필정보**○

　1. **공동신청**

　2. **승소한 등기의무자의 단독신청**

19. 등기신청 시 등기의무자의 권리에 관한 **등기필정보** 의 **제공** 에 관한 설명으로 **틀린** 것은?

① 소유권보존등기를 신청할 경우, 등기필정보의 제공을 요하지 않는다.

② 유증을 원인으로 하는 소유권이전등기를 신청할 경우, 등기필정보를 제공하여야 한다.

③ 상속으로 인한 소유권 이전등기를 신청할 경우, 등기필정보의 제공을 요하지 않는다.

④ 승소한 등기의무자가 단독으로 소유권이전등기를 신청할 경우, 등기필정보를 제공하여야 한다.

⑤ 판결에 의하여 소유권이전등기를 신청할 경우, 등기필정보를 제공하여야 한다.

19. **출제포인트**

① 보존등기. 단독신청 ⇨ 등기필정보×

② 유증등기. 공동신청 ⇨ 등기필정보○

③ 상속등기. 단독신청 ⇨ 등기필정보×

④ 등기신청시 등기필정보○

　1. 공동신청,

　2. 단독신청 중 승소한 등기의무자의 판결등기

⑤ (승소한 등기권리자의) 판결등기.

　⇨ 단독신청 ⇨ 등기필정보×

20. 등기신청시 **주소증명정보** 를 제공하는 경우가 **아닌** 것은?

① 소유권보존등기신청시 등기권리자

② 소유권이전등기신청시 등기의무자

③ 소유권이전등기신청시 등기권리자

④ 지상권설정등기신청시 등기권리자

⑤ 저당권말소등기신청시 등기권리자

20. **출제포인트**

〈주소증명정보 제공하는 경우〉

　보. 설. 이. 추가. 등기권리자.

　단, 소유권이전등기는 등기의무자도.

⑤ 위의 경우에 해당✗ ⇨ 주소증명정보✗

[보충1] 등기신청시 **농지취득자격증**명을 제공하는 경우는?

① 농지를 신탁하는 경우

② 농지에 대한 진정명의회복등기를 하는 경우

③ 농지를 시효취득하는 경우

④ 농지를 상속받는 경우

⑤ 농지에 대한 소유권이전청구권가등기를 하는 경우

답① 농지 증여.매매.교환.신탁 등 ⇨ 농취증O

②③④⑤ **국. 진. 시. 상. 가.** (국가 지자체가 취득. 진정명의회복. 시효취득. 상속. 가등기) 등 ⇨ **농취증✗**

[보충2] 등기신청시 **토지거래허가증**명정보를 제공하는 경우로 틀린 것은?

① 소유권이전등기

② 소유권이전가등기

③ 지상권설정등기

④ 신탁등기

⑤ 지상권이전가등기

①②③⑤ **소유권이전등기. 소유권이전가등기. 지상권설정등기. 지상권설정가등기. 지상권이전등기. 지상권이전가등기.** ⇨ **토허증O**

답④ **국. 진. 시. 상. 무.** {국가 지자체가 취득. 진정명의회복. 시효취득. 상속. 무상(증여.**신탁**)} 등 ⇨ **토허증✗**

21. (부동산) **등기용등록번호** 를 부여하는 주체를 연결하였다. **틀린** 것은?

① 국가, 지방자치단체, 국제기관, 외국정부
　: 국토교통부장관

② 주민등록번호가 없는 재외국민
　: 대법원 소재지 관할 등기소의 등기관

③ 법인
　: 주된 사무소 소재지 관할 등기소의 등기관

④ 법인 아닌 사단이나 재단
　: 주된 사무소 소재지 관할 시장·군수·구청장

⑤ 외국인
　: 체류지를 관할 지방출입국·외국인관서의 장

22. 전산정보처리조직에 의한 등기신청(인터넷 등기 **전자신청**)에 관련된 설명으로 **틀린** 것은?

① 사용자등록을 한 법무사에게 전자신청에 관한 대리권을 수여한 등기권리자는 사용자등록의 여부와 관계없이 법무사가 대리하여 전자신청을 할 수 있다.

② 최초로 사용자등록을 신청하는 당사자 또는 자격자대리인은 등기소에 출석하여야 한다.

③ 전자신청을 위한 사용자등록은 전국 어느 등기소에서나 신청할 수 있다.

④ 법인 아닌 사단은 법인 아닌 사단을 명의로 그 대표자나 관리인이 전자신청을 할 수 있다.

⑤ 사용자등록 신청서에는 인감증명을 첨부하여야 한다.

21. **출제포인트**

④ 부동산등기용등록번호의 부여 : **국 -. 외 -.** 에서 **법.주.** 마신 **주.대.** 는 **비.** (관할 불문)**시.** 카드로

국-.(**국가** 지자체 국제기관 외국정부 ⇨ **국토**부장관)
외-.(**외국인** ⇨ 체류지 관할 지방출입국. **외국인** 관서의 장)
법.주.(**법인** ⇨ **주**된 사무소 소재지 관할 등기소 등기관)
주.대.(**주**민등록번호 없는 재외국민 ⇨ **대**법원 소재지 관할 등기소 등기관)
비.시.(법인 **아닌** 사단 재단 = **비**법인사단재단 ⇨ **(관할 불문) 시**장 군수 구청장)

22. **출제포인트**

① 전자신청. 대리.
　대리인은 사용자등록 필요.
　본인은 사용자등록여부 불문.
② 사용자등록은 대리×(등기소에 직접 출석).
　(cf. 전자신청은 대리○)
③ 사용자등록은 관할×(전국 어느 등기소).
　(cf. 전자신청은 관할○)
④ **비법인. 전자신청. 할 수 없다.**
　(cf. 비법인. 방문신청. 할 수 있다)
⑤ 사용자등록은 인감증명○
　(전자신청은 인감증명✘)

23. 부동산등기법 제29조 `제2호` "사건이 등기할 것이 아닌 때"에 해당하는 것이 <u>아닌</u> 것은?

① 일부공유자의 자기지분만에 대한 보존등기
② 가등기에 기한 본등기금지의 가처분등기
③ 위조된 甲의 인감증명에 의한 소유권이전등기
④ 공유지분에 대한 전세권설정등기
⑤ 대지권에 대한 전세권설정등기

24. `등기필정보` 의 `작성 통지` 에 관한 설명 중 <u>틀린</u> 것은?

① 말소등기나 말소회복등기를 한 경우에는 등기필정보를 작성·통지하지 아니 한다.
② 소유권이전의 가등기를 한 경우에 불과하다면 권리를 취득하지 아니한 것이므로 등기필정보를 작성·통지하지 아니한다.
③ 채권자가 채무자를 대위하여 등기를 신청한 경우에는 등기관은 등기를 완료한 때에 채권자에게 등기필정보를 작성·통지하지 아니한다.
④ 등기권리자가 원하지 않는 경우 또는 등기필정보를 3월 이내에 수신하지 않는 경우에는 등기완료 후 등기필정보를 작성·통지하지 아니한다.
⑤ 관공서가 등기권리자를 위하여 등기를 촉탁한 경우에는 등기완료 후 등기필정보를 작성·통지한다.

23. `출제포인트`

① 일부지분 보존등기. 2호 각하.
② 가등기에 대한 처분금지 가처분은 가능하나, 가등기에 기한 본등기금지 가처분은 2호 각하.
③ <u>위조된 첨부정보. 9호. (실체O) 등기는 유효.</u>
④ 지분에 전세권. 2호 각하. (지분. 용익. 없다)
⑤ 대지권에 전세권. 2호 각하. (지분. 용익. 없다)

24. `출제포인트`

〈등기완료 후 등기필정보를 작성 통지하는 3가지〉
1. 새로운 권리에 관한 등기를 마친 경우
　　{(승소한 등기권리자) 판결에 의한 등기 포함}
　　: 보_존 **설**_정 **이**_전 _{권리자}**추가**_{변경} **등기권리자**
2. (설_정 **이**_전**) 가등기**
3. 관공서가 "등기권리자를 위하여" 촉탁

①③④ 위 3가지에 해당✘ ⇨ 등기필정보✘
② 위 3가지 중 2번에 해당
⑤ 위 3가지 중 3번에 해당
cf. 관공서가 등기를 촉탁 ⇨ 등기필정보✘

25. 등기관의 처분에 대한 **이의신청** 에 관한 설명으로 **틀린** 것은?

① 등기관의 처분이 부당하다고 하는 자는 관할 등기소에 이의신청서를 제출함으로써 이의신청을 할 수 있다.

② 등기관의 처분에 대한 당부의 판단은 이의 심사시를 기준으로 한다.

③ 등기관의 처분 후의 새로운 사실을 이의신청의 이유로 삼을 수 없다.

④ 이의는 집행정지의 효력이 없다.

⑤ 이의신청은 서면으로 하고, 신청기간에 대해서는 아무런 제한이 없다.

이의신청 관련 "없다" 로 끝나는 경우

(새 구두 집 기 이유 없다!) (집에 구두 많다^^)

새로운 사실이나 증거방법으로 할 수 **"없다"**

구두로는 할 수 **"없다"**

집행정지의 효력이 **"없다"**

기간의 제한이 **"없다"**

이유 "없다"의 경우 이의신청이 된다.

25. 　**출제포인트**

① 이의신청은 지방법원에.
　이의신청서는 당해 등기소에.

② 처분결정당시가 기준.

③ **새**. 구두. 집. 기. 이유. 없다!

④ 새. 구두. **집**. 기. 이유. 없다!

⑤ 새. 구두. 집. **기**. 이유. 없다!　　각. **이**. 종이.

---

26. 등기관의 처분이나 결정에 대하여 **이의신청** 을 할 수 없는 경우는?

① 사건이 등기할 것이 아닌 때에 해당하여 각하한 경우

② 사건이 등기할 것이 아닌 때에 해당함에도 등기한 경우

③ 첨부정보를 제공하지 아니하여 각하한 경우

④ 첨부정보를 제공하지 아니함에도 등기한 경우

⑤ 사건이 등기소의 관할에 속하지 아니함에도 등기한 경우

26. 　**출제포인트**

①③ **각하한 경우.**
　　⇨ **사유불문. 이의신청O**
　（신청인에 한하여）

②⑤ **등기한 경우.**
　　⇨ **1호 2호에 한하여 이의신청O**

④ 등기한 경우. 9호에 해당하므로 이의신청 ✗

●●●

27. 부동산등기법상 미등기 **토지** 에 대하여 자기 명의로 **소유권보존등기** 를 신청할 수 <u>없는</u> 자?
① 토지대장상 최초 소유자의 상속인
② 특별자치도지사·시장·군수·구청장(자치구)의 확인으로 소유권을 증명하는 자
③ 판결에 의하여 자기의 소유권을 증명하는 자
④ 수용으로 인하여 소유권을 취득하였음을 증명하는 자
⑤ 미등기토지의 지적공부상 '국(國)'으로부터 소유권이전등록을 받은 자

●●●

28. **토지** 의 **소유권보존등기** 에 관한 설명으로 옳은 것은?
① 등기관이 미등기 토지에 대하여 법원의 촉탁에 따라 가압류등기를 할 때에는 직권으로 소유권보존등기를 한다.
② 특별자치도지사의 확인에 의해 자기의 소유권을 증명하여 소유권보존등기를 신청할 수 있다.
③ 미등기 토지를 토지대장상의 소유자로부터 증여받은 자는 직접 자기명의로 소유권보존등기를 신청할 수 있다.
④ 등기관이 소유권보존등기를 할 때에는 등기부에 등기원인과 그 연월일을 기록하여야 한다.
⑤ 확정판결에 의하여 자기의 소유권을 증명하여 소유권보존등기를 신청할 경우, 소유권을 증명하는 판결은 확인판결에 한한다.

---

27. **출제포인트**
② 토지. 보존등기. 할 수 없는 자?
　⇨ **건물만. 보존등기.** 할 수 있는 자?
　⇨ **특. 시. 군. 구**의 확인으로 소유권을 증명하는 자.

cf. 건물. 보존등기. 할 수 없는 자?
　⇨ **토지만. 보존등기.** 할 수 있는 자?
　⇨ **국가**를 상대로 소유권을 증명하는 자

28. **출제포인트**
① 미등기. (법원). (소유권). 처분제한등기촉탁. **직권 보존등기 후 촉탁등기실행.**
② **특**. 시. 군. 구.
　⇨ 건물만 보존등기 할 수 있다.
　⇨ 토지는 보존등기 할 수 없다.
③ 증여받은 자. 보존등기. 할 수 없다.
　단, 포괄수증자. 보존등기 할 수 있다.
④ **보존등기. 등기원인과 그 연월일✗**
⑤ 판결에 의한 보존등기.
　판결의 종류(이행.형성.확인)는 불문. 확정은 요.

86

29. 소유권등기 에 관한 설명으로 틀린 것은?

① 갑과 을이 공유하나 건축물대장상 공유지분 표시가 없는 건물에 대해 갑의 지분 2/3, 을의 지분 1/3로 보존등기하기 위해서 을의 인감증명을 첨부하여야 한다.

② 미등기 토지에 가처분등기를 하기 위하여 등기관이 직권으로 소유권보존등기를 한 경우, 법원의 가처분등기말소촉탁이 있으면 직권으로 소유권보존등기를 말소한다.

③ 미등기토지에 관한 소유권보존등기는 수용으로 인해 소유권을 취득했음을 증명하는 자도 신청할 수 있다.

④ 미등기건물의 건축물대장에 최초의 소유자로 등록된 자로부터 포괄유증을 받은 자는 그 건물에 관한 소유권보존등기를 신청할 수 있다.

⑤ 법원이 미등기부동산에 대한 소유권의 처분제한등기를 촉탁한 경우, 등기관은 직권으로 소유권보존등기를 하여야 한다.

---

29. 출제포인트

① 보존등기는 등기의무자의 개념이 없어 원칙적으로는 인감증명을 제공하지 않으나, 공유부동산의 대장상 지분이 기록되어 있지 않은 경우 균등으로 추정되고, 만약 실제의 지분이 다르다면 **실제의 지분이 적은 자가 보존등기시 등기의무자의 위치에 서게 되어 그의 인감증명을 제공하게 된다**(등기예규 제724호, 22회 기출).

② 미등기. 직권보존등기 후 가처분등기.
　가처분등기말소되어도 보존등기는 직권말소✗

③ **미등기. 수용. 보존등기. 할 수 있다.**
　cf. 기등기. 수용. ⇨ 소유권이전등기.

④ 포괄수증자. 보존등기 할 수 있다.

⑤ 미등기. (법원). (소유권). 처분제한등기촉탁.
　직권 보존등기 후 촉탁등기.

30. 거래가액등기 에 관하여 옳은 것은?

① 2 이상의 부동산을 매매계약서에 의하여 소유권이전등기를 하는 경우는 언제나 매매목록을 제출하여야 한다.

② 매매계약서가 아닌 매매예약서로 소유권이전청구권가등기에 의한 본등기를 신청하는 경우 거래가액을 등기하지 아니 한다.

③ 등기된 매매목록은 당초의 신청에 착오가 있는 경우에는 경정할 수 있다.

④ 매매계약서를 등기원인증서로 제출한다면 소유권이전청구권가등기를 신청하는 때에도 거래가액을 등기하여야 한다.

⑤ 등기원인증명정보와 거래신고필증의 주민등록번호는 동일하지만 주소가 불일치한 경우에는 법 제29조제9호로 각하하여야 한다.

---

30. 출제포인트

① 수개 부동산. 원칙은 : 매매목록〇
　예외(관할관청이 다른 경우) : 매매목록✗

② 매매계약서든 매매예약서든.
　본등기 ⇨ 거래가액을 등기하여야 한다.

③ 착오 ⇨ 경정.

④ 매매계약서든 매매예약서든.
　가등기 ⇨ 거래가액을 등기하지 아니 한다.

⑤ 단순한 오타 ⇨ 불일치✗ ⇨ 각하✗
　주소는 불일치하나 주민등록번호가 일치 ⇨
　불일치✗ ⇨ 각하✗

31. 판결에 의한 　진정명의회복등기　를 등기권리자가 신청할 경우에 관한 설명 중 옳은 것은?

① 등기의무자의 권리에 관한 등기필정보를 제공하여야 한다.

② 토지거래허가대상인 토지인 경우에 토지거 래허가정보를 제공하여야 한다.

③ 농지인 경우에 농지취득자격증명을 제공하 여야 한다.

④ 등기원인증명정보를 제공하여야 한다.

⑤ 등기신청정보에 등기원인일자로 판결선고 일을 기록하여야 한다.

32. 　상속등기　에 관한 설명으로 틀린 것 은?

① 상속인이 수인인 경우 상속인들의 공동신청 에 의한다.

② 상속등기 전에 협의분할이 있은 경우 상속 등기(소유권이전등기)를 하게 된다.

③ 상속등기 후에 협의분할이 있은 경우 소유 권경정등기를 하게 된다.

④ 상속인이 수인인 경우 각자가 자기 지분만 의 상속등기를 할 수 없다.

⑤ 상속인이 수인인 경우 상속인 중 1인이 전 원명의의 상속등기를 신청할 수 있다.

31. 　출제포인트

① 판결에 의한 등기는 단독신청 ⇨ 등기필정보✘

② 진정명의회복. 거래✘ ⇨ 거래허가정보✘

③ 진정명의회복. 취득✕ ⇨ 농지취득자격증명✘

④ 진정명의회복. 등기원인✘. 하지만 등기원인증 명정보는 제공(위 사례에서는 판결서).

⑤ 진정명의회복. 등기원인✘ ⇨ 등기원인일자✘

32. 　출제포인트

① 상속등기. 상속인(1인, 수인)의 단독신청.

② 상속등기 전. 협의. 상속등기.
(상속등기 안했으면 상속등기하고)

③ 상속등기 후. 협의. 경정등기.
(상속등기 되어 있으면 고친다)

④⑤ 보존등기와 상속등기는 지분만 할 수 없고, 전원명의로(=1이 되게) 하여야 한다.
(지분만 보. 상 없다)

33. 유증등기 에 관하여 옳은 것은?

① 유증을 등기원인으로 하는 소유권이전등기를 신청하는 경우 등기필정보를 제공하여야 한다.

② 특정유증등기는 공동신청에 의하고, 포괄유증등기는 단독신청에 의한다.

③ 유류분을 침해하는 유증등기를 신청한 경우 부동산등기법 제29조 제2호로 각하된다.

④ 미등기부동산의 포괄유증의 경우 직접 포괄수증자 명의의 보존등기는 할 수 없다.

⑤ 수증자가 여러 명인 포괄유증의 경우 수증자 전원이 공동으로 신청하여야 하고, 각자가 자기 지분만에 관하여 등기를 신청할 수 없다.

34. 지상권등기 에 관한 설명으로 틀린 것은?

① 지상권이전등기시 토지소유자의 승낙은 필요 없다.

② 지료는 지상권설정등기신청서의 임의적 신청정보이다.

③ 분필등기를 거치지 않으면 1필의 토지 일부에 관한 지상권설정등기는 할 수 없다.

④ 타인의 농지에 대하여도 지상권설정등기를 할 수 있다.

⑤ 존속기간을 불확정기간으로 하는 지상권설정등기도 할 수 있다.

---

33. **출제포인트**

① 유증등기. 공동신청 ⇨ 등기필정보**O**

② 유증등기. 공동신청.
   특정유증(공동신청) **등기해야 유증효력발생**
   포괄유증(공동신청) 등기없이도 유증효력발생

③ 유류분을 침해하는 유증등기도 <u>가능하다</u>.

④ **포괄수증자명의. 보존등기. <u>할 수 있다</u>**.

⑤ 지분만. 포괄유증. <u>할 수 있다</u>.

34. **출제포인트**

① 물권의 양도.
   누구의 동의나 승낙을 요하지 않는다.

② 임의적 신청정보(존. 변. 약. 이. **지**)

③ 일부. 용익. <u>할 수 있다</u>.

④ 농지. 지상권. 할 수 있다.
   (농지에 전세권은 설정 할 수 없다)

⑤ 지상권. 불확정기간. 할 수 있다.
   (전세권은 불확정기간으로 설정할 수 없다)

35. **지역권등기** 에 대한 설명으로 **틀린** 것은?

① 지역권설정등기신청서에는 부동산의 표시 등 일반적 기록사항 이외에 지역권설정의 목적과 범위 및 요역지·승역지의 표시를 기록하여야 한다.

② 승역지의 지상권자도 지역권설정자로서 등기의무자가 될 수 있고, 이 경우의 지역권 설정등기는 지상권등기에 부기등기로 실행한다.

③ 지역권의 경우 보통 대가나 존속기간의 약정을 하므로 이를 임의적 신청정보로 등기할 수 있다.

④ 토지의 일부를 목적으로 하는 경우에는 그 목적된 토지의 일부를 표시한 지적도를 첨부하여야 한다.

⑤ 지역권설정등기를 실행한 등기관은 요역지 지역권등기를 직권으로 실행한다.

36. **전세권등기** 에 관한 설명으로 **틀린** 것은?

① 공유부동산에 전세권을 설정할 경우, 그 등기기록에 기록된 공유자 전원이 등기의무자이다.

② 토지의 일부에 대한 전세권설정등기도 가능하다.

③ 건물의 공유지분에 대한 전세권설정등기를 신청하는 경우 부동산등기법 제29조 제2호에 의하여 각하된다.

④ 전세권이 소멸하기 전에 전세금반환채권의 일부양도에 따른 전세권일부이전등기를 신청할 수 있다.

⑤ 전세금반환채권의 일부양도를 원인으로 한 전세권일부이전등기를 할 때 양도액을 기록한다.

---

35. **출제포인트**

① 지역권설정등기. 목적. 범위. 요역지. 승역지.

② **승역지의 지상권자. 지역권설정자. 등기의무자. 지역권설정등기. 부기등기.**

③ **지역권등기에 대**가, 존속**기**간, 지역**권자 없다!** (등기사항이 아니다)

④ 승역지 일부. 지적도.

⑤ **요역지**지역권등기. 등기관의 **직권**.

36. **출제포인트**

① 지분의 과반수의 찬성으로 공유물에 대한 이용(전세)이 가능, 하지만 **등기시에는 공유자 전원이 등기의무자가 되어야 한다.**

② 일부. 전세. 할 수 있다.

③ 지분에 용익. 없다. 2호 각하.

④ **전세권 (용익)소멸 후. 전세금반환채권 성립.**

⑤ **전세금반환채권 일부양도. 전세권일부이전등기. 부기등기. 양도액을 기록.**

37. 임차권등기 에 관한 설명으로 틀린 것은?

① 임차권설정등기와 임차권명령등기는 그 법적근거가 다르다.

② 임차권등기명령에 따라 주택임차권등기가 된 경우, 그 등기에 기초한 임차권이전등기를 할 수 있다.

③ 임차권설정등기의 경우 차임과 범위는 필요적 신청정보이다.

④ 주택임차권등기의 경우 임차보증금은 필요적 신청정보이다.

⑤ 존속기간은 임차권설정등기의 경우에는 임의적 신청정보이지만 주택임차권등기의 경우에는 등기사항이 아니다.

37. 출제포인트

① 임차권설정등기(민법)와 임차권명령등기(주임법, 상임법)는 그 법적근거가 다르다.

② 임대차의 존속기간이 만료되거나 임차권등기명령에 의한 주택임차권 및 상가건물임차권 등기가 경료된 경우에는 그 등기에 기초한 임차권이전등기나 임차물전대등기를 할 수 없다(등기예규 제1382호).

③ "차임"은 임차권설정등기의 필요적 정보이고, 최근의 개정으로 "범위"도 임차권설정등기의 필요적 정보로 규정되었다(2020.8.5.시행).

④ 주택임차권등기의 경우 "임차보증금"은 필요적 신청정보이다.

⑤ 임차권명령등기는 존속기간의 만료를 전제로 하므로 그 등기할 때에 "존속기간"을 기록할 이유가 없다. 따라서 임차권명령등기(주택임차권등기, 상가건물임차권등기)에서는 "존속기간"은 "임의적 신청정보"가 아니라 "등기사항이 아니다."

38. 근저당권등기 에 관한 설명으로 틀린 것은?

① 등기상 이해관계 있는 제3자가 있는 경우에는 그의 승낙서를 첨부한 때에 한하여 부기에 의하여 근저당권변경등기를 한다.

② 채권최고액을 증액하는 근저당권변경등기시 후순위 근저당권자는 이해관계인에 해당하므로 그의 승낙서를 첨부하면 부기등기로 실행하고 첨부하지 못하면 주등기로 실행한다.

③ 피담보채권이 확정되기 전에 그 피담보채권이 양도된 경우, 이를 원인으로 하여 근저당권이전등기를 신청할 수 없다.

④ 채권최고액을 감액하는 근저당권변경계약에 따른 근저당권변경등기신청서에는 설정자의 인감증명을 첨부할 필요가 없다.

⑤ 증축된 건물에 근저당권의 효력이 미치도록 하기 위하여 별도의 근저당권변경등기를 하여야 한다.

38. 출제포인트

① 권리변경등기. 이해관계인의 승낙서O. 부기등기.

② 채권최고액 증액 ⇨ 경매시 배당금 증액 ⇨ 근저당권자 유리 ⇨ 후순위 근저당권자 불리 ⇨ 후순위 근저당권자는 이해관계인에 해당

③ **확정. 전.** ⇨ **"채권". 원인. 등기. 없다.**

④ 채권최고액 **감액**. 근저당**권자 불리(등기의무자)**. 근저당권**설정자 유리(등기권리자)**. 등기권리자는 원칙적으로 등기필정보와 인감증명을 논하지 않는다.

⑤ 증축된 건물. 근저당권의 효력. 당연히 미친다. 근저당권변경등기는 불요.(증축등기는 요)

● ● ●

39. 근저당권등기 에 관한 설명으로 옳은 것은?

① 근저당권이전의 부기등기는 주등기인 근저당권설정등기가 말소된 후 별도의 신청에 의하여 말소된다.

② 일정한 금액을 목적으로 하지 아니하는 채권을 담보하기 위한 저당권설정의 등기는 할 수 없다.

③ 근저당권설정등기의 등기원인으로는 그 설정계약이 기록되고 기본계약의 내용은 기록되지 않는다.

④ 근저당권설정등기에서 채권최고액은 반드시 단일하게 기록하여야 하는 것은 아니다.

⑤ 근저당권설정등기에서 존속기간, 변제기, 약정, 이자는 임의적 신청정보에 해당한다.

● ●

40. 직권경정등기 에 관한 설명으로 틀린 것은?

① 경정등기는 경정 전후의 동일성이 있어야 하지만, 직권경정등기의 경우에는 오로지 등기관의 잘못에 의하여 등기된 것을 바로잡는 것이므로 경정 전후의 동일성은 문제되지 않는다.

② 직권경정등기는 등기상 이해관계 있는 제3자가 있는 경우에는 제3자의 승낙이 있어야 한다.

③ 권리자는 甲임에도 불구하고 당사자 신청의 착오로 乙 명의로 등기된 경우 그 불일치는 신청에 의한 경정의 대상이다.

④ 직권경정 후 지방법원장에게 그 취지를 사후 보고하여야 하고, 당사자에게도 사후 통지하여야 한다.

⑤ 직권경정 후 등기권리자 또는 등기의무자가 여러 명인 때에는 그 중 1인에게 통지하면 되며, 채권자 대위에 있어서는 대위한 채권자에게도 통지하여야 한다.

39. 출제포인트

① 주등기(근저당권설정등기)가 말소되면, 부기등기(근저당권이전등기)는 직권말소된다.

② 금전채권 아닌 채권을 담보하는 저당권설정등기도 가능. 이 경우 평가액을 기록하여야 한다.

③ "~설정등기"의 등기원인은 "설정계약"

④ 채권최고액은 반드시 "단일하게" 기록하여야 한다. 각 채권자별로 또는 채무자별로 채권최고액을 구분하여 기록할 수 없다.

⑤ 저당권등기 vs 근저당권등기

	저당권등기	근저당권등기
존속기간	▲	▲
약정	▲	▲
변제기	▲	✗
이자	▲	✗

▲ (임의적)　　(✗ : 등기사항 아님)

40. 출제포인트

① 신청경정은 동일성 요.
　직권경정은 동일성 불요.

② 부동산등기법 제32조 제2항 단서

③ 당사자의 착오. 동일성 요. 甲과 乙은 동일성 없음 ⇨ 경정 ✗ (乙등기 말소 후 甲등기를 다시 해야)

④⑤ 직권경정 후.
　지방법원장에게 사후 보고.
　당사자 쌍방에게 사후 통지.
　일방이 여러 명인 경우 그 중 1인에게만.

41. **말소등기** 에 관한 설명으로 <u>틀린</u> 것은?

① 판결에 의하여 말소등기를 단독으로 신청하는 경우에는 이해관계인의 승낙서를 첨부할 필요가 없다.

② 말소할 권리를 목적으로 하는 제3자 권리의 말소는 등기관의 직권에 의한다.

③ 권리소멸약정에 의한 말소등기는 단독신청에 의한다.

④ 등기의 일부를 붉은 선으로 지우는 것은 말소등기가 아니다.

⑤ 등기권리자가 등기의무자의 소재불명으로 인하여 공동으로 등기의 말소를 신청할 수 없을 때에는 제권판결이 있으면 등기권리자가 그 사실을 증명하여 단독으로 등기의 말소를 신청할 수 있다.

---

42. **신탁등기** 에 관하여 <u>틀린</u> 것은?

① 신탁등기는 수탁자의 단독으로 신청한다.

② 신탁등기는 권리등기와 동시에 일괄하여 신청하고 하나의 순위번호를 사용한다. 위탁자나 수익자는 수탁자를 대위할 수 있고, 대위하는 경우에는 동시를 요하지 아니한다.

③ 수탁자가 여러 명인 경우 등기관은 신탁재산이 합유인 뜻을 기록하여야 한다.

④ 등기관이 신탁등기를 할 때에는 신탁원부를 작성하는데, 이는 등기기록의 일부로 본다.

⑤ 농지에 대하여 신탁법상 신탁을 등기원인으로 하여 소유권이전등기를 신청하는 경우, 농지신탁은 그 목적이 분명하므로 별도의 농지취득자격증명은 요하지 아니 한다.

신탁등기의 출제포인트
수 단 일 대 동없어 **합**해도 **원 가 주?**

42. **출제포인트**

①② <u>**수탁자. 단독신청**</u>(✗: 대위가능)
<u>권리등기와 **일괄**. 동시. 하나의 등기. 하나의 번호</u>
　　[⇨ <u>**대위**시 **동**시 없어(동시를 요하지 않음)</u>]

③ <u>수탁자 여러 명 ⇨ **합유**.</u>

④ <u>신탁원부. 등기관 작성. 등기부 일부.</u>

⑤ <u>농지. 신탁. 농지취득자격증명을 요함</u>
　　(농지는 농부에게 맡겨야).

<u>신탁**가**등기 가능.</u>

<u>신탁종료 후 신탁재산이 수탁자 고유재산이 될 때</u>
<u>그 뜻의 등기는 **주**등기로.</u>

---

41. **출제포인트**

① 말소등기를 신청할 때에 이해관계인이 있는 경우에는 그의 승낙서를 제출하여야 한다(부동산등기법 제57조). 판결에 의한 등기도 신청등기에 해당한다.

② **말소등기시 말소할 등기(권리)를 목적으로 하는 제3자 등기(권리)의 말소는 직권에 의한다.**

③ **권리소멸약정, 소재불명, 혼동의 경우 말소등기⇨ 단독신청에 의한 말소등기임이 포인트!**

④ **등기의 일부를 지우는 것 : 말소등기가 아니라 변경등기이다.**

⑤ 부동산등기법 제56조

●●●

43. 다음 중 　**가등기**　에 관한 설명 중 옳은 것은?

① 가등기권리자가 가등기를 명하는 가처분명령을 신청할 경우, 가등기의무자의 주소지를 관할하는 지방법원에 신청한다.

② 가등기는 그에 기한 본등기가 이루어지기 전에는 물권변동을 일으키는 효력은 없으나 가등기의무자의 처분권을 제한하는 효력이 있다.

③ 판례는 가등기에 의하여 순위 보전의 대상이 되어 있는 물권변동청구권이 양도된 경우에, 그 가등기상의 권리이전등기를 할 수 없다고 한다.

④ 가등기에 의한 소유권이전의 본등기를 경료하면, 등기관은 그 중간처분등기를 부동산등기법 제29조 제2호 소정의 사건이 등기할 것이 아닌 때에 해당하는 것으로 보아 직권 말소한다. 다라서 가등기에 기한 본등기 시 중간등기를 직권말소 하는 경우에는 통상의 직권말소와는 달리 말소부터 한 후 통지하여야 한다.

⑤ 가등기 이후에 제3취득자가 있는 경우 본등기의무자는 그 제3취득자이다.

●●●

44. 　**가등기**　에 기한 본등기에 관한 설명으로 틀린 것은?

① 가등기에 기한 본등기 신청의 등기의무자는 가등기를 할 때의 소유자이며, 가등기 후에 제3자에게 소유권이 이전된 경우에도 가등기의무자는 변동되지 않는다.

② 본등기 신청 시 가등기의 등기필정보의 제공은 요하지 아니하고, 등기의무자의 권리에 관한 등기필정보를 제공하여야 한다.

③ 저당권설정등기청구권보전 가등기에 의한 본등기를 한 경우, 등기관은 가등기 후 본등기 전에 마친 제3자 명의의 부동산용익권 등기를 직권말소 할 수 있다.

④ 가등기된 권리 중 일부지분에 관하여 가등기에 기한 본등기신청을 할 수 있다.

⑤ 가등기권리자가 수인인 경우 1인만의 본등기신청도 가능하다.

45. 에 관한 설명으로 옳은 것은?

① 가등기는 권리의 설정, 이전, 변경 또는 소멸의 청구권을 보전하기 위하여 할 수 있으나, 그 청구권이 장래에 있어서 확정될 것인 때에도 그러하다.

② 가등기에 관해 등기상 이해관계 있는 자는 제3자이고 당사자가 아니므로 가등기명의인의 승낙을 얻어도 단독으로 가등기의 말소를 신청할 수 없다.

③ 가등기명의인이 스스로 가등기의 말소를 신청하는 때에는 가등기의 등기필정보가 아닌 가등기의무자의 권리에 관한 등기필정보를 제공하여야 한다.

④ 가등기 후 본등기 전에 마쳐진 체납처분에 의한 압류등기는 등기관이 직권으로 말소한다.

⑤ 소유권말소청구권가등기도 허용된다.

46. A건물에 대하여 甲이 소유권 이전의 를 2017.3.4.에 하였다. 甲이 위 가등기에 의해 2017.9.18. 소유권이전의 본등기를 한 경우, A건물에 있던 다음 등기 중 직권으로 말소하는 등기는?

① 甲에게 대항할 수 있는 주택임차권에 의해 2017. 7. 4.에 한 주택임차권등기

② 2017. 3. 15. 등기된 가압류에 의해 2017. 7. 5.에 한 강제경매개시결정등기

③ 2017. 2. 5. 등기된 근저당권에 의해 2017. 7. 6.에 한 임의경매개시결정등기

④ 위 가등기상 권리를 목적으로 2017. 7. 7.에 한 가처분등기

⑤ 위 가등기상 권리를 목적으로 2017. 7. 8.에 한 가압류등기

---

45. **출제포인트**

① 설정. 이전. 변경. 소멸.
시기부. 정지조건부.
장래에 있어서 확정될 청구권(예약).
→ **가등기가 가능하다.**

② 가등기 상 이해관계인[=제3(취득)자 丙].
가등기명의인의 승낙서. **단독말소.**

③ 가등기명의인의 단독말소.
가등기의 등기필정보+인감증명(소유권가등기말소시)

④ 가등기에 기한 본등기 시 중간등기가 체납처분에 의한 압류등기인 경우 등기관이 바로 직권으로 말소하는 것이 아니다(먼저 직권말소대상통지를 한 후 이의신청이 있으면 제출된 소명자료에 의하여 직권말소 또는 인용여부를 결정한다).

⑤ 소유권말소청구권은 물권적청구권이므로 가등기를 할 수 없다.

46. **출제포인트**

① 가등기권자 갑에게 **대항할 수 있으므로 말소✗**

② 가등기(3.4.) 보다 **후순위**(3.14.) 가압류등기이므로 **직권말소.**

③ 가등기(3.4.) 보다 **선순위**(2.5.) 근저당권등기이므로 **말소✗**

④⑤ 당해 **가등기**상 권리를 목적으로 하는 가처분등기 가압류등기는 **말소✗**

47. **처분제한등기** 에 관한 설명으로 **틀린** 것은?

① 가압류가 등기된 부동산에 대하여 소유권이전등기를 신청할 수 있다.

② 등기된 임차권에 대하여 가압류등기를 할 수 있다.

③ 가처분등기에는 피보전권리와 금지사항을 기록하고, 가압류등기에는 청구금액을 기록한다.

④ 처분금지가처분이 등기된 부동산에 대하여는 소유권이전등기를 신청할 수 없다.

⑤ 가압류등기의 말소는 촉탁에 의하는 것이 원칙이지만, 직권이나 신청으로 말소되는 경우도 있다.

48. **가처분등기** 에 관하여 **틀린** 것은?

① 소유권에 대한 가처분등기는 주등기로 실행하고, 소유권 외의 권리에 대한 가처분등기는 부기등기로 실행한다.

② 처분금지가처분등기가 된 후에도 처분등기가 가능하다.

③ 승소한 가처분채권자가 판결에 의한 등기 시 가처분 이후의 등기(가처분에 저촉되는 등기)의 말소는 승소한 가처분채권자의 신청에 의한다.

④ 승소한 가처분채권자가 판결에 의한 등기 시 당해 가처분등기의 말소는 등기관의 직권에 의한다.

⑤ 가처분의 피보전권리가 지상권설정등기청구권인 경우 그 가처분등기는 을구에 한다.

---

47. **출제포인트**

① 가압류등기 후에도 처분등기 가능.

② **등기된 권리에 가압류 가처분 등기가 가능하다.**

③ 특정채권의 경우 가처분.
  금전채권의 경우 가압류.

④ (처분금지)가처분등기 후 처분등기 가능(판).

⑤ **〈가압류등기나 가처분등기〉**
  실행은 법원의 촉탁에 의하는 경우 뿐이다.
  말소는 촉탁(원칙), 신청, 직권에 의한다.

48. **출제포인트**

① 소유권 처분제한은 주등기.
  소유권 외의 권리 처분제한은 부기등기.

② (처분금지)가처분등기 후 처분등기 가능(판).

③④ **승소한 가처분채무자가 판결등기 신청 시.**
  가처분 이후 등기의 말소도 동시에 신청.
  당해 가처분등기의 말소는 등기관의 직권.

⑤ 가처분등기의 실행은 "누구에게(가처분채무자)?"를 기준. 지상권설정등기는 토지소유자에게 요구하는 것이므로 이 경우 갑구에 하게 된다.

49. 甲소유인 A토지의 등기부에는 乙의 근저당권설정등기, 丙의 소유권이전등기청구권을 보전하기 위한 **가처분등기**, 丁의 가압류등기, 乙의 근저당권에 의한 임의경매개시결정의 등기가 각기 순차로 등기되어 있다. A토지에 대하여 丙이 甲을 등기의무자로 하여 소유권이전등기를 신청하는 경우에 관한 설명으로 옳은 것은?

① 丁의 가압류등기는 등기관이 직권으로 말소하여야 한다.
② 丁의 가압류등기의 말소를 丙이 단독으로 신청할 수 있다.
③ 丙의 가처분등기의 말소는 丙이 신청하여야 한다.
④ 丙의 가처분등기는 법원의 촉탁에 의하여 말소하여야 한다.
⑤ 丙은 乙의 근저당권에 의한 임의경매개시결정등기의 말소를 신청할 수 있다.

50. **수용등기** 에 관한 설명으로 틀린 것은?

① 국가 또는 지방자치단체가 등기소에 촉탁할 때, 등기권리자인 경우에는 등기의무자의 승낙을 받아야 하고, 등기의무자인 경우에는 등기권리자의 청구에 따라야 한다.
② 수용으로 인한 소유권이전등기는 등기권리자가 단독으로 신청할 수 있다.
③ 수용으로 안한 소유권이전등기를 신청하는 경우에 토지수용위원회의 재결로써 존속이 인정된 권리가 있으면 이에 관한 사항을 신청정보의 내용으로 등기소에 제공하여야 한다.
④ 수용으로 인한 소유권이전등기를 신청하는 경우에는 보상이나 공탁을 증명하는 정보를 신청정보로서 등기소에 제공하여야 한다.
⑤ 등기관이 수용으로 인한 소유권이전등기를 하는 경우 그 부동산의 등기기록 중 소유권, 소유권 외의 권리, 그 밖에 처분제한에 관한 등기가 있으면 그 등기를 직권으로 말소하여야 한다.

49. **출제포인트**
①② 후순위인 丁의 가압류등기의 말소는
    가처분채권자 丙이 단독신청으로 말소한다.
③④ 丙의 가처분등기는
    등기관이 직권으로 말소한다.
⑤ 선순위인 乙의 근저당권과
    그에 터한 경매개시결정등기를
    말소할 수는 없다.

50. **출제포인트**
<촉탁등기, 수용등기>
① 부동산등기법 제98조
② 부동산등기법 제99조 제1항
③ **재결로써 존속을 인정한 권리**
    → **'신청정보'**
    (부동산등기규칙 제156조 제1항)
④ **등기원인을 증명하는 정보**
    보상이나 공탁을 증명하는 정보
    → **'첨부정보'**
    (부동산등기규칙 제156조 제2항)
⑤ 부동산등기법 제99조 제4항 본문

<지적편>

51. 토지의 조사·등록 및 양입 에 관한 설명으로 틀린 것은?

① 국토교통부장관은 모든 토지에 대하여 필지별로 소재·지번·지목·면적·경계 또는 좌표 등을 조사·측량하여 지적공부에 등록하여야 한다.

② 지적공부에 등록하는 지번·지목·면적·경계 또는 좌표는 토지의 이동이 있을 때 토지소유자의 신청을 받아 지적소관청이 결정한다.

③ 지적소관청은 토지의 이동현황을 직권으로 조사·측량하여 토지의 지번·지목·면적·경계 또는 좌표를 결정하려는 때에는 토지이동현황조사계획을 수립하여야 하는데, 이 계획은 시·군·구별로 수립하되, 부득이한 사유가 있는 때에는 읍·면·동별로 수립할 수 있다.

④ 지적소관청은 토지이동현황 조사계획에 따라 토지의 이동현황을 조사한 때에는 토지이동조사부에 토지의 이동현황을 적어야 한다.

⑤ 주된 용도(과수원)의 토지가 3,000㎡이고, 종된 용도(유지)의 토지가 330㎡인 경우, 다른 1필지 성립요건을 충족하였다면 양입할 수 있다.

51. 출제포인트
① 모든 토지. 등록 ➔ 국토교통부장관(이념주체)
② 토지표시(소재 제외)를 결정 ➔ 지적소관청(실무주체)
③ 토지 "이동" 현황 조사계획
④ 조사계획 > 조사 > 조사부
　> 조서 > 정리결의서 > 정리
⑤ 대. 330㎡초. 10%초 中 1 ➪ 양입✗

52. 지번 의 부여 등에 관한 설명으로 틀린 것은?

① 지번은 지적소관청이 지번부여지역별로 북서에서 남동으로 차례대로 부여하며, 이 경우 시도지사나 대도시시장의 승인을 요하지 아니 한다.

② 지적소관청은 지적공부에 등록된 지번을 변경할 필요가 있다고 인정하면 시도지사나 대도시시장의 승인을 받아 지번부여지역의 전부 또는 일부에 대하여 지번을 새로 부여할 수 있다.

③ 지번은 아라비아 숫자로 표기하되, 임야대장 및 임야도에 등록하는 토지의 지번은 숫자 앞에 "산"자를 붙인다.

④ 신규등록 대상토지가 여러 필지로 되어 있는 경우에는 그 지번부여지역의 최종 본번의 다음 순번부터 본번으로 하여 순차적으로 지번을 부여할 수 있다.

⑤ 도시개발사업 등의 공사 준공되기 전에 토지의 합병을 신청하는 때에는 사업 등의 신고 시 제출한 사업계획도에 의하여 지번을 부여할 수 있다.

52. 출제포인트
① 지번부여 : 지적소관청(특 시 군 구)이.
　　　　　지번부여지역(동 리)별로.
　　　　　북서에서 남동으로. 차례대로.
② 시도지사나 대도시 시장의 승인O(3가지)
　지번변경, 가시적지적공부의 반출, 축척변경
③ ┌ 토지대장 및 지적도 : (아라비아) 숫자
　 └ 임야대장 및 임야도 : 숫자 앞에 "산"
④ 신규등록. 여러 필지. 최종 본번 다음 본번.
⑤ ┌ 준공 전 지번부여신청 : 사업계획도 확정…적용(전)
　 └ cf. 준공 전 합병신청 : 지목변경(국.토.건.전)

●●●

53. 지번 에 관한 설명으로 옳은 것은?

① 지번은 지적소관청이 지번부여지역별로 남동에서 북서로 순차적으로 부여한다.

② 지번은 아라비아 숫자로 표기하되, 임야대장 및 임야도에 등록하는 토지의 지번은 숫자 앞에 "임"자를 붙인다.

③ 지번은 본번과 부번으로 구성하되, 본번과 부번 사이에 "−" 또는 "의"로 표시한다.

④ 분할의 경우에는 분할 후의 필지 중 1필지의 지번은 분할 전의 지번으로 하고, 나머지 필지의 지번은 본번의 최종 부번 다음 순번으로 부번을 부여한다.

⑤ 합병의 경우에는 합병 대상 지번 중 후순위의 지번을 그 지번으로 하되, 본번으로 된 지번이 있을 때에는 본번 중 선순위의 지번을 합병 후의 지번으로 한다.

●●●

54. 지번 의 부여 방법에 관한 설명 중 틀린 것은?

① 신규등록의 경우로서 대상토지가 그 지번부여지역안의 최종 지번의 토지에 인접한 경우 그 지번부여지역의 최종 본번의 다음 본번에 부번을 붙여서 부여하여야 한다.

② 등록전환 대상토지가 여러 필지로 되어 있는 경우 그 지번부여지역의 최종 본번의 다음 순번부터 본번으로 하여 순차적으로 지번을 부여할 수 있다.

③ 분할의 경우 분할 후의 필지 중 주거·사무실 등의 건축물이 있는 필지에 대하여는 분할 전의 지번을 우선하여 부여하여야 한다.

④ 합병의 경우 합병 전의 필지에 주거·사무실 등의 건축물이 있는 경우 토지소유자가 건축물이 위치한 지번을 합병 후의 지번으로 신청할 때에는 그 지번을 합병 후의 지번으로 부여하여야 한다.

⑤ 축척변경시행지역안의 필지에 지번을 새로이 부여하는 때에는 도시개발사업 등이 완료됨에 따라 지적확정측량을 실시한 지역 안에서의 지번부여 방법을 준용한다.

---

53. **출제포인트**

② **임야대장 및 임야도.**
   숫자 앞에 "산".

③ **본번과 부번.**
   "−" 표시로 연결
   "의" 라고 읽는다.

④ **분할.**
   분할 전 지번.
   최종 부번 다음 순번으로 부번.

⑤ **합병.**
   선순위.
   본번이 있으면 "본번 중 선순위".

54. **출제포인트**

① **신규등록. 최종 지번의 토지에 인접.**
   최종 본번 다음 본번.

② **등록전환. 여러 필지.**
   최종 본번 다음 본번.

③ **분할. 건축물이 있는 필지에.**
   분할 전 지번.

④ **합병. 건축물이 위치한 지번을.**
   신청할 때에는 그 지번.

⑤ **축척변경. 확정…준용**(지번변경. 행정구역**개**편. **축**척변경)
      cf. 확정…적용(준공 **전** 지번부여신청)

●●●

55. 의 연결이 틀린 것은?

① 곡물, 원예작물(과수류 제외), 약초, 뽕나무, 닥나무, 묘목, 관상수, 식용죽순재배지 ⇨ 전
② 수림지, 죽림지, 암석지, 자갈땅, 모래땅, 습지, 황무지 ⇨ 임야
③ 주거, 사무실, 점포, 문화시설(박물관, 극장, 미술관 등)의 부지 ⇨ 대
④ 여객자동차터미널, 폐차장, 공항시설, 항만시설 등의 부지 ⇨ 주차장
⑤ 수영장, 유선장, 낚시터, 어린이놀이터, 동물원, 식물원, 민속촌, 경마장, 야영장 ⇨ 유원지

공시법의 신 스티브섭스의 Tip

"지목과 지적공부별 등록사항은
해마다 각각 평균 2문제씩 출제되는데
철저한 암기로만 대응이 됩니다.
지적편의 각종 암기법은
반드시 '암기법 총정리'에서 확인하세요!"

---

55. 출제포인트 (지목암기법은 암기법 총정리 참조)

① 전. 곡. 예(과수류 제외). 약. 뽕. 닥. 묘. 관. 식.
② 임야. 암. 자. 모. 습. 황. 수림지. 죽림지.
③ 대. 주, 사. 점. 문. 박. 극. 미.
④ **여. 폐. 공. 항.** (2020.6.11.~) ⇨ **잡종지**
⑤ **유원지 :**
수영. 유선. 낚. 어. 동. 식. 민속. 경마.
+ 야영장(2020.6.11.~)

●●●

56. 을 지적도 및 임야도에 등록하는 때에는 부호로 표기하여야 한다. 지목과 부호의 연결이 옳은 것은?

① 유원지 - 유
② 수도용지 - 수
③ 주차장 - 주
④ 목장용지 - 장
⑤ 도로 - 로

---

56. 출제포인트

〈지목부호에 관한 문제를 100% 맞추는 법〉

〈1〉 적기(가장 중요★)
시험지에 차문자부호 4개 지목을 적고
"공**장**(용지) 주**차**장 옆 하**천** 유**원**지"
차문자에 동그라미 할 것!

〈2〉 찾기
① 지문에서 차문자 부호의 지목을 찾아 밑줄 긋고
차문자에 동그라미 할 것!
(유ⓦ지. 주ⓒ장)
② 나머지는 모두 두문자가 부호이므로
두문자에 동그라미 할 것!
(ⓢ도용지. ⓜ장용지. ⓓ로)

〈3〉 비교
동그라미한 글자와 지문에 제시된 글자를 비교
같으면 O 다르면 ✗ ➡ 답을 찾는다!

① 유ⓦ지 - 유   ⇨ (원 유) (✗)
② ⓢ도용지 - 수 ⇨ (수 수) (O) ⇨ 정답
③ 주ⓒ장 - 주   ⇨ (차 주) (✗)
④ ⓜ장용지 - 장 ⇨ (목 장) (✗)
⑤ ⓓ로 - 로   ⇨ (도 로) (✗)

●●●

57. 지목 의 구분 기준에 관한 설명으로 옳은 것은?

① 연·왕골 등이 자생하는 배수가 잘되지 아니 하는 토지는 '유지'로 한다.

② 천일제염 방식으로 하지 아니하고 동력으로 바닷물을 끌어들여 소금을 제조하는 공장시설물의 부지는 '염전'으로 한다.

③ 자동차 등의 판매 목적으로 설치된 물류장 및 야외전시장은 '주차장'으로 한다.

④ 자동차·선박·기차 등의 제작 또는 정비공장 안에 설치된 급유·송유시설의 부지는 '주유소용지'로 한다.

⑤ 학교용지, 공원, 종교용지 등에 있는 유적, 고적, 기념물을 보호하기 위하여 구획된 토지는 '사적지'로 한다.

●●●

58. 지목 의 구분기준에 관한 설명으로 옳은 것은?

① 택지조성공사가 준공된 토지는 주거용 건축물이 존재하는 것은 아니므로 아직은 지목을 '대'로 할 수 없다.

② 묘지공원은 '묘지', 소류지는 '유지', 향교는 '종교용지', 죽림지는 '임야'이다.

③ 지하에서 석유류 등이 용출되는 용출구와 그 유지에 사용되는 부지는 '주유소용지'로 한다.

④ 물건 등을 보관하거나 저장하기 위하여 독립적으로 설치된 보관시설물의 부지와 이에 접속된 부속시설물의 부지는 '잡종지'로 한다.

⑤ 용수 또는 배수를 위하여 일정한 형태를 갖춘 인공적인 수로·둑 및 그 부속시설물의 부지는 '유지'로 한다.

57. 출제포인트

① 연, 왕골 :
  (재배 → "답")
  (자생. 배수가 잘 되지 아니 하는 → "유지")

② 제조 공장 → "공장용지"

③ "주차" 목적 아닌
  "판매" 목적은 "주차장"에서 제외한다.

④ "판매" 아닌 "급유 송유"는
  "주유소용지"에서 제외한다.

⑤ 학교용지, 공원, 종교용지 안의 문화재 부지는
  "사적지"에서 제외한다.

58. 출제포인트

① 택지조성공사가 준공된 토지는 '대'로 한다.

② 묘지공원, 소류지, 향교종, 죽림지.

③ "용출" ➔ "광천지"

④ "보관" ➔ "창고용지"

⑤ "수로" ➔ "구거"

●●●

59. 지목 에 관하여 올바르게 연결된 것은?

① 곡물 : 답
② 소류지 : 수도용지
③ 여객자동차터미널 : 주차장
④ 문화시설 : 잡종지
⑤ 고속도로 휴게소 : 도로

●●●

60. 면적 에 관한 설명 중 틀린 것은?

① 경위의측량방법으로 세부측량을 한 지역의 필지별 면적측정은 전자면적측정기에 의한다.
② 경계점좌표등록부에 등록하는 지역의 토지면적은 제곱미터 이하 한자리 단위로 결정한다.
③ '면적'이란 지적공부에 등록된 필지의 수평면상의 넓이를 말한다.
④ 미터법의 시행으로 면적을 환산하여 등록하는 경우에는 면적측정을 하지 아니 한다.
⑤ 토지합병을 하는 경우의 면적결정은 합병전의 각 필지의 면적을 합산하여 그 필지의 면적으로 하므로 면적측정을 하지 아니 한다.

경계복원측량. **합**병. **지목**변경. **지번**변경.
등록**말**소. **행**정구역변경. **위**치정정. **도**면재작성.
지적**현**황측량. **면**적환산은 면적측정 하지 않는다.

경. 합. 지. 지. 말. 행. 위. 도. 현. 면.
(면적측정) 하지 않다.

59. 출제포인트

① '전' : 곡. 예. 약. 뽕. 닥. 묘. 관. 식.
② 댐. 저수지. 소류지. 호수. 연못 : '유지'
③ **여**객자동차터미널. **폐**차장. **공**항시설. **항**만시설
   ⇨ '잡종지'
④ '대' : 주. 사. 점. 문(박. 극. 미)
⑤ 보행·차량운행,
   도로로 개설된 토지,
   고속도로 휴게소,
   2필지 이상에 진입하는 통로
   ⇨ '도로'

60. 출제포인트

① **확정 = 개발 = 경위의 = 좌표 = 500분의1**
   : 좌표면적계산법
② 경계점좌표등록부. 제곱미터 이하 한자리 단위.
③ 면적 : 수평면.
④ 경. 합. 지. 지. 말. 행. 위. 도. 현. 면.
   (면적측정) 하지 않다.
⑤ 경. 합. 지. 지. 말. 행. 위. 도. 현. 면.
   (면적측정) 하지 않다.

●●

61. 경계점좌표등록부를 비치하는 지역의 토지면적 측정결과 234.95㎡가 산출되었다면 토지대장에 등록할 **면적** 은?

① 235㎡

② 234.9㎡

③ 235.0㎡

④ 234㎡

⑤ 234.95㎡

●●●

62. 공간정보의 구축 및 관리 등에 관한 법령상 지상 **경계** 의 위치표시 및 결정 등에 관한 설명으로 **틀린** 것은?

① 토지의 지상 경계는 둑, 담장이나 그 밖에 구획의 목표가 될 만한 구조물 및 경계점표지 등으로 구분한다.

② 공유수면매립지의 토지 중 제방 등을 토지에 편입하여 등록하는 경우에는 바깥쪽 어깨부분

③ 높낮이의 차이가 있는 토지의 지상 경계의 구획을 형성하는 구조물 등의 소유자가 다른 경우에는 그 구조물의 하단부로 결정한다.

④ 행정기관의 장 또는 지방자치단체의 장이 토지를 취득하기 위하여 분할하려는 경우에는 지상 경계점에 경계점표지를 설치한 후 지적측량을 할 수 있다.

⑤ 도시개발사업 등의 사업시행자가 사업지구의 경계를 결정하기 위하여 토지를 분할하는 경우, 지상 경계는 지상건축물을 걸리게 결정할 수 있다.

61. 　 **출제포인트**

경계점좌표등록부. 대축척지역. 제곱미터 이하 한자리 단위. 버릴지 올릴지 고민하는 대상이 0.05이 5사5입법을 적용. 즉 5 앞의 숫자가 9로서 홀수이므로 올려서 제곱미터 이하 한자리 단위까지 등록하면 된다. 즉 235.0㎡

62. 　 **출제포인트**

① 지상(地上) 경계 :
둑. 담장. 구조물. 표지 등으로 구분.

② 고저無. 중앙 / **고. 하 / 절. 상 /**
해수면. 최대 / 제방. 바깥쪽 어깨부분.

③ 고저유무 절토유무 불문하고
소유자가 다른 경우에는 그 소유권에 따른다.

④ **판. 사. 도. 공취득. 원칙분할**(매매.정정.허가). **인허가.**
　 ⇨ **표지설치. 할 수 있다.**

⑤ **판. 사. 도. 공.**
　 ⇨ **자르는 예외.**

63. 공간정보의 구축 및 관리 등에 관한 법령상 지상 경계점에 경계점 **표지**를 설치한 후 지적측량을 할 수 있는 경우로 **틀린** 것은?

① 1필지 일부의 형질변경 등으로 용도가 변경된 경우로서 분할하려는 경우
② 토지이용상 불합리한 지상경계를 시정하기 위하여 토지를 분할하려는 경우
③ 매매 등을 위하여 토지를 분할하려는 경우
④ 법원의 확정판결에 의하여 토지를 분할하려는 경우
⑤ 행정기관의 장 또는 지방자치단체의 장이 토지를 취득하기 위하여 분할하려는 경우

판결 사업지구결정 도시군관리계획선 공공용
건축물을 걸리게도(**자르는**) 분할할 수 있는 **예외**

판결 사업지구결정 도시군관리계획선 공공용취득
원칙분할 인허가
표지설치 할 수 있다

63. 출제포인트

① <판. 사. 도. 공취득. 원칙분할(매매.정정.허가). 인허가. 표지설치.> 에 해당 ✗
② <판. 사. 도. 공취득. 원칙분할(매매.정정.허가). 인허가. 표지설치.>
③ <판. 사. 도. 공취득. 원칙분할(매매.정정.허가). 인허가. 표지설치.>
④ <판. 사. 도. 공취득. 원칙분할(매매.정정.허가). 인허가. 표지설치.>
⑤ <판. 사. 도. 공취득. 원칙분할(매매.정정.허가). 인허가. 표지설치.>

64. **지적공부**의 관리 등에 관하여 **틀린** 것은?

① 지적소관청은 해당 청사에 지적서고를 설치하고 그 곳에 지적공부(정보처리시스템을 통하여 기록·저장한 경우는 제외한다)를 영구히 보존하여야 한다.
② 지적공부를 정보처리시스템을 통하여 기록·저장한 경우 관할 시도지사, 시장·군수 또는 구청장은 그 지적공부를 지적정보관리체계에 영구히 보존하여야 한다.
③ 지적소관청은 지적공부의 효율적인 관리 및 활용을 위하여 지적정보 전담 관리기구를 설치·운영한다.
④ 지적정보 전담 관리기구에서 관리하고 있는 토지관련자료에는 주민등록전산자료, 가족관계등록전산자료, 공시지가전산자료, 부동산등기전산자료가 있다.
⑤ 지적공부의 열람과 발급은 지적소관청 또는 읍·면·동의 장에게 신청할 수 있다. 이는 부동산종합공부의 경우에도 같다.

64. 출제포인트

① 지적소관청. **지적서고**
   (바 철 안 망, 2065, 높 ㅇㅣ:ㅣㅇcm).
   가시적 지적공부. 영구보존.
② 지적파일. 영구보존(관리)
   ⇨ 시도지사, 시장 군수 구청장. (어색한 조합)
③④ 국토교통부장관. 지적정보 전담 관리기구.
   주민. 가족. 지가. 등기.
⑤ 지적공부와 부동산종합공부의 열람 발급 :
   지적소관청 또는 읍 면 동의 장

65. **지적서고** 에 관한 설명으로 **틀린** 것은?

① 지적서고는 지적사무를 처리하는 사무실과 연접하여 설치하여야 한다.

② 골조는 철근콘크리트 이상의 강질로 하고, 바닥과 벽, 창문과 출입문을 이중으로 하여야 한다.

③ 온도 및 습도의 자동조절장치를 설치하고, 연중평균온도는 섭씨 25±5도를, 연중평균습도는 60±5퍼센트를 유지하여야 한다.

④ 지적서고는 제한구역으로 지정하고, 출입자를 지적사무담당공무원으로 한정하고, 지적서고에는 인화물질의 반입을 금지하며, 지적공부 · 지적관계서류 및 지적측량장비만 보관하여야 한다.

⑤ 지적공부 보관상자는 벽으로부터 15센티미터 이상 띄워야 하며, 높이 10센티미터 이상의 깔판 위에 올려놓아야 한다.

66. **토지대장 및 임야대장** 의 등록사항에 해당되는 것을 모두 고른 것은?

> ㄱ. 지목
> ㄴ. 면적
> ㄷ. 표준지공시지가
> ㄹ. 소유자의 성명 또는 명칭
> ㅁ. 대지권 비율
> ㅂ. 토지이동사유
> ㅅ. 개별공시지가
> ㅇ. 경계 또는 좌표

① ㄱ, ㄴ, ㄷ, ㄹ, ㅂ
② ㄱ, ㄴ, ㄷ, ㄹ, ㅅ
③ ㄱ, ㄴ, ㄹ, ㅁ, ㅇ
④ ㄱ, ㄴ, ㄷ, ㄹ, ㅁ
⑤ ㄱ, ㄴ, ㄹ, ㅂ, ㅅ

65. **출제포인트**

③ **20±5℃**, **65℃**±5% (2065로 기억할 것!)
지적소관청, **지적서고**
(바 철 안 망, 2065, 높 ㅇ ㅣ : 1 ㅇ㎝).
가시적 지적공부. 영구보존

66. **출제포인트**

ㄱ. 토지(임야)대장 : 고. 도. 장. 소. 지.
　　　　　　　　　　목. 축. 소.
　　　　　　　　　　면. 사. 등. 지. 용

ㄴ. 토지(임야)대장 : 고. 도. 장. 소. 지.
　　　　　　　　　　목. 축. 소.
　　　　　　　　　　면. 사. 등. 지. 용

ㄷ. 토지(임야)대장에 등록하는 지가는 "**개별**"공시지가이다.

ㄹ. 토지(임야)대장 : 고. 도. 장. 소. 지.
　　　　　　　　　　목. 축. **소**.
　　　　　　　　　　면. 사. 등. 지. 용

ㅁ. 대지권비율은 대지권등록부에 등록한다.

ㅂ. 토지(임야)대장 : 고. 도. 장. 소. 지.
　　　　　　　　　　목. 축. 소.
　　　　　　　　　　면. **사**. 등. 지. 용

ㅅ. 토지(임야)대장 : 고. 도. 장. 소. 지.
　　　　　　　　　　목. 축. 소.
　　　　　　　　　　면. 사. 등. **지**. 용

ㅇ. 경계는 지적(임야)도에 등록하고. 좌표는 경계점좌표등록부에 등록한다.

67. 지적도 및 임야도 의 등록사항만으로 나열된 것은?

① 지번, 경계, 건축물 및 구조물 등의 위치, 삼각점 및 지적기준점의 위치

② 지목, 도곽선과 그 수치, 토지의 고유번호, 건축물 및 구조물 등의 위치

③ 토지의 소재, 지번, 토지의 고유번호, 삼각점 및 지적기준점의 위치

④ 지목, 부호 및 부호도, 도곽선과 그 수치, 토지의 고유번호

⑤ 토지의 소재, 지번, 건축물의 번호, 삼각점 및 지적기준점의 위치

68. 다음 지적도 에 관한 설명으로 틀린 것은?

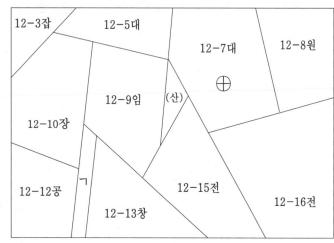

① 지적도의 도면번호는 제15호이다.

② 12-7에 제도된 "⊕"은 지적삼각점 위치의 표시이다.

③ 12-10의 지목은 공장용지이다.

④ (산)으로 표기된 토지는 임야대장등록지이다.

⑤ 12-9의 동쪽 경계는 0.2㎜ 폭으로 제도한다.

67. 출제포인트

① 지번, 경계, 건축물 및 구조물 등의 <u>위치</u>, 삼각점 및 지적기준점의 <u>위치</u>

② 지목, 도곽선과 그 수치, ~~토지의 고유번호~~, 건축물 및 구조물 등의 위치

③ 토지의 소재, 지번, ~~토지의 고유번호~~, 삼각점 및 지적기준점의 <u>위치</u>

④ 지목, ~~부호 및 부호도~~, 도곽선과 그 수치, ~~토지의 고유번호~~

⑤ 토지의 소재, 지번, ~~건축물의 번호~~, 삼각점 및 지적기준점의 위치

68. 출제포인트

① <u>색인도 중앙과 도면의 제명 옆에</u> 도면번호가 등록되어 있다.

② ⊕ 지적삼각점

⬤ 지적삼각보조점

○ 지적도근점

③ 차문자부호(공**장**용지 주**차**장 하**천** 유**원**지) 중 공장용지

④ <u>지적도에서 (산)으로 표기된 토지는 임야대장등록지이다.</u>

⑤ 경계와 도곽선은 <u>0.1㎜</u> 폭으로 제도한다.

69. 경계점 **좌표** 등록부를 갖춰두는 지역의 지적도가 아래와 같은 경우 이에 관한 설명으로 옳은 것은?

OO시 OO동 지적도(좌표) 20장 중 제8호 축척 500분의 1

(가)

① 73-2의 경계선상에 등록된 '22.41'은 도면에 의하여 계산된 경계점 간의 거리를 나타낸다.

② 73-2에 대한 면적측정은 전자면적측정기에 의한다.

③ 73-2에 대한 경계복원측량은 본 도면으로 실시하여야 한다.

④ 도곽선의 오른쪽 아래 끝 (가) 부분에 "이 도면에 의하여 측량을 할 수 없음"이라고 기록되어 있다.

⑤ 73-2에 대한 토지면적은 경계점좌표등록부에 등록한다.

69. 출제포인트

① 지적도(좌표)의 경계선상의 수치는 "**좌표**에 의하여 계산된 경계점 간의 거리"

② 좌표까지 분석한 지역의 면적측정은 **좌표**면적계산법에 의한다.

③ 좌표까지 분석한 지역의 측량은 경계점**좌표**에 의한다.

④ "이 도면에 의하여 측량을 할 수 없음" = "**좌표**"로 측량을 하는 지역이다.

⑤ 토지대장등록지이므로 면적은 토지대장에 등록한다.

70. 공간정보의 구축 및 관리 등에 관한 법령상 경계점 **좌표** 등록부의 등록사항으로 옳은 것만 나열한 것은?

① 지번, 토지의 이동사유

② 면적, 도면번호

③ 경계, 소재

④ 부호 및 부호도, 장번호

⑤ 토지의 고유번호, 소유자의 성명 또는 명칭

70. 출제포인트

① 토지이동**사유**는 토지(임야)대장에 등록된다.

② 면적은 토지(임야)대장에 등록된다.
(대표. **면**. 사. 등. 지. 용.)

③ 경계는 지적(임야)도에 등록된다.
(그림관련 6가지는 그림에만)

④ 경계점좌표등록부 :
고. 도. **장**. 소. 지. **부**. 좌.

⑤ **소유자**는 대표장부(**토. 임.**)와 지분을 등록하는 장부(**공. 대.**)에 등록한다. **토임공대 소유자!**

71. **지적전산자료** 의 이용·활용에 관하여 틀린 것은?

① 지적전산자료를 이용하거나 활용하려는 자는 국토교통부장관, 시도지사 또는 지적소관청에 지적전산자료를 신청하여야 한다.

② 지적전산자료를 신청하려는 자는 미리 관계 중앙행정기관의 심사를 받아야 한다.

③ 전국단위의 지적전산자료를 이용하고자 하는 자는 국토교통부장관의 승인을 받아야 한다.

④ 중앙행정기관의 장, 그 소속기관의 장 또는 지방자치단체의 장은 관계 중앙행정기관의 심사를 받지 아니한다.

⑤ 자기 토지이거나, 상속인이거나, 개인정보를 제외한 경우에는 관계 중앙행정기관의 심사를 받지 아니할 수 있다.

72. **부동산종합공부** 에 관한 설명으로 틀린 것은?

① 지적소관청은 부동산의 효율적 이용과 부동산과 관련된 정보의 종합적 관리·운영을 위하여 부동산종합공부를 관리·운영한다.

② 지적소관청은 부동산 종합공부를 영구히 보존하여야 하며, 멸실 또는 훼손에 대비하여 이를 별도로 복제하여 관리하는 정보관리체계를 구축하여야 한다.

③ 지적소관청은 부동산종합공부의 불일치 등록사항에 대하여는 등록사항을 확인 및 관리하고, 등록사항을 관리하는 기관의 장에게 그 내용을 통지하여야 한다.

④ 토지소유자는 부동산종합공부의 토지의 표시에 관한 사항의 등록사항에 잘못이 있음을 발견하면 지적소관청이나 읍·면·동의 장에게 그 정정을 신청할 수 있다.

⑤ 부동산종합공부를 열람하거나 부동산종합공부 기록사항의 전부 또는 일부에 관한 증명서를 발급받으려는 자는 지적소관청이나 읍·면·동의 장에게 신청할 수 있다.

71. **출제포인트**

① 국토부장관, 시도지사 또는 지적소관청에 신청.

② 미리 **관계 중앙행정기관의 심사**.

③ **지적전산자료의 이용을 위한 절차에서 승인 절차는 폐지되었다**(2017.10.24.~).

④ **기관장. :**
심사를 받지 아니한다.

⑤ **자기 토지. 상속인. 개인정보를 제외한 경우. :**
심사를 받지 아니할 수 있다.

72. **출제포인트**

① 지적소관청. 부동산종합공부. **관리. 운영.**

② 지적소관청. 부동산종합공부. **복제.**

③ 지적소관청. 부동산종합공부. **불일치. 확인 · 관리. 통지. 정정요청.(정정 ✗)**

④ 토지소유자. 부동산종합공부. 불일치. 지적소관청에. 정정신청.

⑤ 부동산종합증명서. **공개(열람. 발급).** 지적소관청 또는 읍·면·동의 장.

73. **지상경계점등록부** 에 관한 설명으로 <u>틀린</u> 것은?

① 지적소관청은 토지의 이동에 따라 지상 경계를 새로 정한 경우에는 지상경계점등록부를 작성·관리하여야 한다.

② 지상경계점등록부를 갖춰 두는 토지는 지적확정측량 또는 축척변경을 위한 측량을 실시하여 경계점을 좌표로 등록한 지역의 토지로 한다.

③ 지상경계점등록부에는 경계점의 소재, 지번, 좌표(있을 때), 위치설명도와 사진파일을 등록한다.

④ 지상경계점등록부에는 공부상 지목과 실제 토지이용 지목을 등록한다.

⑤ 지상경계점등록부에는 경계점표지의 종류 및 경계점 위치를 등록한다.

74. 공간정보의 구축 및 관리 등에 관한 법령상 지적소관청은 토지의 이동 등으로 토지의 표시 변경에 관한 등기를 할 필요가 있는 경우에는 지체 없이 관할 등기관서에 그 등기를 촉탁하여야 한다.

등기촉탁 대상이 <u>아닌</u> 것은?

① 지번부여지역의 전부 또는 일부에 대하여 지번을 새로 부여한 경우

② 바다로 된 토지의 등록을 말소한 경우

③ 하나의 지번부여지역에 서로 다른 축척의 지적도가 있어 축척을 변경한 경우

④ 지적소관청이 신규등록하는 토지의 소유자를 직접 조사하여 등록한 경우

⑤ 지적소관청이 직권으로 조사·측량하여 지적공부의 등록사항을 정정한 경우

---

74. **출제포인트**

1. **지적상 등기촉탁**(대장의 **표시변동**을 반영하도록 등기부의 **표제부를 고치라**의 의미)
   _{토지이동}

   ☞ **토지이동**(신규등록 제외) ➡ **등기촉탁**

신규등록	➡ **등기촉탁✗** (등신없다)
등록전환	➡ **등기촉탁O**
분 할	➡ **등기촉탁O**
합 병	➡ **등기촉탁O**
지목변경	➡ **등기촉탁O**
등록말소	➡ **등기촉탁O**
축척변경	➡ **등기촉탁O**
등록사항정정	➡ **등기촉탁O**

2. **등기촉탁✗** : **신규등록**(등기부가 없어서)

   토지소유자정리(등기부 기준이어서)

---

73. **출제포인트**

① 지적소관청. **지상경계**. **지상경계**점등록부.

② "~~지상경계점등록부~~" → "경계점좌표등록부"

  ┌ **지상경계~** ⇨ **지상경계점등록부**

  └ **지적확정측량 등** ⇨ **경계점좌표등록부**

③ 지상경계점등록부가 도입될 때부터 등록한 정보이다.

④⑤ 2014년에 개정으로 등록사항으로 추가된 정보이다.

75. **등록전환** 에 관한 설명으로 **틀린** 것은?

① 토지소유자는 등록전환할 토지가 있으면 그 사유가 발생한 날부터 60일 이내에 지적소관청에 등록전환을 신청하여야 한다.

② 산지관리법, 건축법 등 관계 법령에 따른 개발행위허가 등을 받은 토지는 등록전환을 신청할 수 있다.

③ 임야도에 등록된 토지가 사실상 형질변경되었으나 지목변경을 할 수 없는 경우에도 등록전환을 신청할 수 있다.

④ 지적소관청은 등록전환에 따라 지적공부를 정리한 경우, 지체 없이 관할 등기관서의 토지의 표시 변경에 관한 등기를 촉탁하여야 한다.

⑤ 등록전환에 따른 면적을 정할 때 임야대장의 면적과 등록전환될 면적의 차이가 오차의 허용범위 이내인 경우, 임야대장의 면적을 등록전환 면적으로 결정한다.

76. 다음 중 **분할** 의 대상인 경우는?

① 1필지의 전부를 소유권이전하려 할 때

② 토지이용상 불합리한 지상경계를 시정하기 위한 경우

③ 지적공부에 등록된 1필지의 전부가 형질변경 등으로 용도가 다르게 된 때

④ 건축물의 용도가 변경된 경우

⑤ 국토의 계획 및 이용에 관한 법률 등 관계법령에 의한 토지의 형질변경 등의 공사가 준공된 경우

75. **출제포인트**

① 등록전환. 60일 이내.

② <등록전환의 대상> **산. 불. 지. 도.**
  ▫ **산**지. 건축. 개발행위허가. : 등록전환
  ▫ 임야도. 존치. **불**합리. : 등록전환
  ▫ 형질변경 but **지**목변경 불가. : 등록전환
  ▫ **도**시군관리계획선에 따라 분할. : 등록전환

③ 등록전환 : 산. 불. **지**. 도.

④ 토지이동(등록전환)에 따른 지적공부정리 후 등기촉탁 하여야 한다.

⑤ **이내.** 문제 없음(즉 **등록전환될** 면적을 등록전환의 면적으로 결정한다.)

76. **출제포인트**

① ~~권부~~ → 일부 (분할 : **매**. 정. 허. 용.)

② 분할 : 매. **정**. 허. 용.

③ ~~권부~~ → 일부 (분할 : 매. 정. 허. **용**.)

④ 지목변경 : 국. 토. **건**. 전.

⑤ 지목변경 : **국**. 토. 건. 전.

77. 甲이 자신의 소유인 A토지와 B토지를 합병 하여 합필등기를 신청하고자 한다. 합필등기를 신청할 수 <u>없는</u> 사유에 해당하는 것은?(단, 이해관계인의 승낙은 없는 것으로 본다)

① A토지에 乙의 가압류등기, B토지에 丙의 가압류등기가 있는 경우

② A, B토지 모두에 등기원인 및 그 연월일과 접수번호가 동일한 乙의 전세권등기가 있는 경우

③ A, B토지 모두에 등기원인 및 그 연월일과 접수번호가 동일한 乙의 저당권등기가 있는 경우

④ A토지에 乙의 지상권등기, B토지에 丙의 지상권등기가 있는 경우

⑤ A토지에 乙의 전세권등기, B토지에 丙의 전세권등기가 있는 경우

78. 바다로 된 토지의 등록말소 에 관하여 옳은 것은?

① 지적소관청은 지적공부에 등록된 토지가 일시적인 지형의 변화 등으로 바다로 된 경우에는 공유수면의 관리청에 지적공부의 등록말소 신청을 하도록 통지하여야 한다.

② 지적소관청은 등록말소 신청 통지를 받은 자가 통지를 받은 날부터 60일 이내에 등록말소 신청을 하지 아니하면 직권으로 그 지적공부의 등록사항을 말소하여야 한다.

③ 지적소관청이 직권으로 등록말소를 할 경우에는 시·도지사의 승인을 받아야 하며, 시·도지사는 그 내용을 승인하기 전에 토지소유자의 의견을 청취하여야 한다.

④ 지적소관청은 말소한 토지가 지형의 변화 등으로 다시 토지가 된 경우에는 그 지적측량성과 및 등록말소 당시의 지적공부 등 관계자료에 따라 토지로 회복등록을 할 수 있다.

⑤ 지적소관청이 지적공부의 등록사항을 말소하거나 회복등록하였을 때에는 그 정리 결과를 시·도지사 및 행정안전부장관에게 통지하여야 한다.

77. 　출제포인트

① 합필등기를 할 수 있는 권리에 "가압류"는 포함되지 않는다('**소**유권', '**용**익권', '등기원인 및 그 연월일과 접수번호가 **동**일한 저당권', '등기사항이 **동**일한 신탁등기' **특**례(대장상 합병등록 후)' <u>외에는 합병할 수 없다!</u>).

소. 용. 동. 동. 특. : 합병할 수 있다.

소. 용. 동. 동. 특 이외 : 합병할 수 없다.

② 전세권은 소.**용**.동.동.특.에 해당

③ **등**기원인 및 그 연월일과 접수번호가 동일한 저당권은 소.용.**동**.동.특.에 해당

④ 지상권은 소.**용**.동.동.특.에 해당(누구의 지상권인지는 상관없음)

⑤ 전세권은 소.**용**.동.동.특.에 해당(누구의 전세권인지는 상관없음)

78. 　출제포인트

① ~~일시적~~.
"~~공유수면의 관리청에~~" → "토지소유자에게"

② "~~60일 이내~~" → "90일 이내"

③ 등록말소는 <u>시도지사의 승인 사안이 아니다</u>.

④ <u>다시 토지가 된 경우. 회복등록.</u> :
<u>지적소관청. 할 수 있다.</u>

⑤ "~~시도지사 및 행정안전부장관~~"
→ "토지소유자 및 해당 공유수면관리청"

● ● ●

79. 의 절차로 옳은 것은?

① 동의 ⇨ 의결 ⇨ 승인 ⇨ 시행공고 ⇨ 경계점표지설치 ⇨ 지번별조서 ⇨ 청산 ⇨ 확정공고 ⇨ 지적정리 ⇨ 등기촉탁
② 동의 ⇨ 의결 ⇨ 승인 ⇨ 시행공고 ⇨ 경계점표지설치 ⇨ 지번별조서 ⇨ 청산 ⇨ 지적정리 ⇨ 등기촉탁 ⇨ 확정공고
③ 시행공고 ⇨ 동의 ⇨ 의결 ⇨ 승인 ⇨ 경계점표지설치 ⇨ 지번별조서 ⇨ 청산 ⇨ 확정공고 ⇨ 지적정리 ⇨ 등기촉탁
④ 시행공고 ⇨ 동의 ⇨ 의결 ⇨ 승인 ⇨ 경계점표지설치 ⇨ 지번별조서 ⇨ 청산 ⇨ 지적정리 ⇨ 등기촉탁 ⇨ 확정공고
⑤ 동의 ⇨ 의결 ⇨ 승인 ⇨ 경계점표지설치 ⇨ 시행공고 ⇨ 지번별조서 ⇨ 청산 ⇨ 확정공고 ⇨ 지적정리 ⇨ 등기촉탁

80. 축척변경 에 관하여 <u>틀린</u> 것은?

① 청산금의 납부 및 지급이 완료된 때에는 지적소관청은 지체 없이 축척변경의 확정공고를 하여야 하며, 확정공고일에 토지의 이동이 있는 것으로 본다.
② 청산금의 납부고지 또는 수령통지된 청산금에 관하여 이의가 있는 자는 납부고지 또는 수령통지를 받은 날부터 60일 이내에 지적소관청에 이의신청을 할 수 있다.
③ 축척변경시행지역 안의 토지소유자 또는 점유자는 시행공고가 있는 날부터 30일 이내에 시행공고일 현재 점유하고 있는 경계에 경계점표지를 설치하여야 한다.
④ 지적소관청은 청산금의 결정을 공고한 날부터 20일 이내에 토지소유자에게 청산금의 납부고지 또는 수령통지를 하여야 한다.
⑤ 청산금의 납부고지를 받은 자는 그 고지를 받은 날부터 6개월 이내에 청산금을 지적소관청에 납부하여야 한다.

79. 출제포인트

① <사전절차>
동의 ⇨ 의결 ⇨ 승인

<축척변경시행기간>
⇨ **시행공고** ⇨ **경계점표지설치** (⇨ 측량 ⇨ 대축척 지적도 작성) ⇨ **토지표시결정** ⇨ **지번별조서** ⇨ **청산** ⇨ **확정공고**

<사후절차>
⇨ **지적정리** ⇨ **등기촉탁**

80. 출제포인트

① 청산 완료. 지체 없이. 확정공고. 확정공고일. 토지이동시기.
② 청산금. 이의신청. **1개월 이내**. 지적소관청에.
③ 축척변경. 경계점표지. : **30일 이내. 토지소유자 또는 점유자. 점유.**
④ **납부고지 또는 수령통지. : 청산금의 결정을 공고한 날부터. 20일 이내.**
⑤ **납부. 받은. 6개월.** (납. 받. 6.)

●●●

81. 다음 중 지적소관청이 **직권정정** 할 수 있는 경우가 <u>아닌</u> 것은?

① 지적공부의 등록사항이 잘못 입력된 경우

② 미등기토지의 토지소유자표시의 정정의 경우

③ 토지이동정리결의서의 내용과 다르게 정리된 경우

④ 지적공부의 작성 또는 재작성 당시 잘못 정리된 경우

⑤ 지적도 및 임야도에 등록된 필지가 면적의 증감 없이 경계의 위치만 잘못된 경우

직권정정: 정리 면 접 의결 통지 작 성 산 입 초

1. 토지이동**정리**결의서의 내용과 다르게

2. **면**적의 증감없이 경계의 위치만 잘못

3. 경계가 **접**합되지 않는 경우의 정정

4. 지적위원회의 **의결**에 따른 정정

5. 합필등기를 각하한 등기관의 **통지**가 있는 경우 (지적소관청의 착오로 잘못 합병한 경우에 한)

6. **작**성 또는 재작성 당시 잘못

7. **성**과와 다르게 정리된 경우

8. 면적환**산**이 잘못된 경우

9. 등록사항이 잘못 **입**력된 경우

+ (등록전환) 허용범위를 **초**과한 경우

81.　**출제포인트**

① 직권정정 :
　　정리. 면. 접. 의결. 통지. 작. 성. 산. **입**. 초.

② **신청**정정 : (**경미**는 **정정**을 **신청**한다)
　　1. **경계 면적**의 변경을 가져오는 **정정**.
　　2. **미등기** 토지**소유자**표시 **정정**.

③ 직권정정 :
　　정리. 면. 접. 의결. 통지. 작. 성. 산. 입. 초.

④ 직권정정 :
　　정리. 면. 접. 의결. 통지. **작**. 성. 산. 입. 초.

⑤ 직권정정 :
　　정리. **면**. 접. 의결. 통지. 작. 성. 산. 입. 초.

●●●

82. 다음 중 지적소관청이 **직권정정** 할 수 있는 경우가 <u>아닌</u> 것은?

① 지적공부의 작성 또는 재작성 당시 잘못 정리된 경우

② 지적측량성과와 다르게 정리된 경우

③ 면적환산을 잘못한 경우

④ 면적의 증감없이 경계의 위치만 잘못 등록된 경우

⑤ 토지이용계획서의 내용과 다르게 정리된 경우

82.　**출제포인트**

① 직권정정 :
　　정리. 면. 접. 의결. 통지. **작**. 성. 산. 입. 초.

② 직권정정 :
　　정리. 면. 접. 의결. 통지. 작. **성**. 산. 입. 초.

③ 직권정정 :
　　정리. 면. 접. 의결. 통지. 작. 성. **산**. 입. 초.

④ 직권정정 :
　　정리. **면**. 접. 의결. 통지. 작. 성. 산. 입. 초.

⑤ "토지이용계획서" → **토지이동정리결의서**
　　정리. 면. 접. 의결. 통지. 작. 성. 산. 입. 초.

83. 지적공부의 등록사항정정에 관하여 틀린 것은?

① 지적공부의 등록사항정정은 사유재산권의 침해가 될 수 있으므로 토지소유자의 신청에 의하여만 할 수 있고, 지적소관청이 직권으로 하여서는 아니 된다.

② 토지소유자가 경계나 면적의 변경을 가져오는 등록사항에 대한 정정신청을 하는 때에는 정정사유를 기록한 신청서에 등록사항정정 측량성과도를 첨부하여 지적소관청에 제출하여야 한다.

③ 토지소유자의 신청에 의한 정정으로 인접토지의 경계가 변경되는 경우에는 인접 토지소유자의 승낙서나 인접 토지소유자가 승낙하지 아니하는 경우에는 이에 대항할 수 있는 확정판결서 정본을 지적소관청에 제출하여야 한다.

④ 등기된 토지의 지적공부 등록사항정정 내용이 토지소유자의 표시에 관한 사항인 경우 등기필증, 등기완료통지서, 등기사항증명서 또는 등기관서에서 제공한 등기전산정보자료에 의하여 정정하여야 한다.

⑤ 미등기 토지의 소유자 성명에 관한 사항으로서 명백히 잘못 기록된 경우에는 가족관계 기록사항에 관한 증명서에 의하여 토지소유자가 정정을 신청할 수 있다.

83. 출제포인트

① 등록사항정정 :

토지소유자의 신청 또는 **지적소관청의 직권**.

②③ **경계 면적** 변경 **정정 신청**시 :

신청서 + 승낙서(또는 판결서) + 측량성과도.

④ 토지소유자의 표시. 등기부 기준.

⑤ **미등기. 소유자. 정정. 신청**시.

신청서 + 가족관계 기록사항에 관한 증명서.

---

84. 지적공부의 등록사항정정에 관하여 틀린 것은?

① 지적소관청은 토지의 표시가 잘못되었음을 발견하였을 때에는 지체 없이 등록사항 정정에 필요한 서류와 등록사항 정정 측량성과도를 작성하고, 토지이동정리 결의서를 작성한 후 대장의 사유란에 "등록사항정정 대상토지"라고 적고, 토지소유자에게 등록사항 정정 신청을 할 수 있도록 그 사유를 통지하여야 한다.

② 지적소관청이 직권으로 등록사항을 정정할 수 있는 경우에도 토지소유자에게 통지를 하여야 한다.

③ 등록사항 정정 대상토지에 대한 대장을 열람하게 하거나 등본을 발급하는 때에는 "등록사항 정정 대상토지"라고 적은 부분을 흑백의 반전(反轉)으로 표시하거나 붉은색으로 적어야 한다.

④ 잘못 표시된 사항의 정정을 위한 지적측량은 정지시킬 수 없다.

⑤ 경계나 면적 등 측량을 수반하는 토지의 표시가 잘못된 경우에는 지적소관청은 그 정정이 완료될 때까지 지적측량을 정지시킬 수 있다.

84. 출제포인트

② 지적소관청이 직권으로 등록사항을 정정할 수 있는 경우에는 토지소유자에게 통지를 <u>하지 아니할 수 있다</u>(규칙 제94조제1항 단서).

85. 토지이동신청 및 지적정리 등에 관하여 틀린 것은?

① 합병하고자 하는 토지의 소유자별 공유지분이 다르거나 소유자의 주소가 서로 다른 경우 토지소유자는 합병을 신청할 수 없다.

② 소유권이전과 매매 그리고 토지이용상 불합리한 지상경계를 시정하기 위한 경우 토지소유자는 분할을 신청할 수 있다.

③ 국토의 계획 및 이용에 관한 법률 등 관계법령에 의한 토지의 형질변경 등의 공사가 준공된 경우 토지소유자는 등록전환을 신청할 수 있다.

④ 지적공부의 등록사항이 토지이동정리결의서의 내용과 다르게 정리된 경우 지적소관청이 직권으로 조사·측량하여 정정할 수 있다.

⑤ 바다로 되어 등록이 말소된 토지가 지형의 변화 등으로 다시 토지로 된 경우 지적소관청은 회복등록을 할 수 있다.

86. 지적공부의 정리 에 관한 다음 설명 중 틀린 것은?

① 지적소관청은 토지의 이동이 있는 경우 지적공부를 정리하여야 한다. 이 경우 이미 작성된 지적공부에 정리할 수 없을 때에는 새로 작성하여야 한다.

② 지적소관청은 토지이동의 경우에는 토지이동정리 결의서를 작성하여야 하고, 토지소유자변동의 경우에는 소유자정리 결의서를 작성하여야 한다.

③ 토지이동정리 결의서의 작성은 토지대장·임야대장 또는 경계점좌표등록부별로 구분하지 않고 작성하되, 토지이동정리 결의서에는 토지이동신청서 또는 도시개발사업 등의 완료신고서 등을 첨부하여야 한다.

④ 소유자정리 결의서의 작성을 위하여 등기필증, 등기부 등본 또는 그밖에 토지소유자가 변경되었음을 증명하는 서류를 첨부하여야 한다.

⑤ 행정정보의 공동이용을 통하여 첨부서류에 대한 정보를 확인할 수 있는 경우에는 그 확인으로 첨부서류를 갈음할 수 있다.

---

85. 출제포인트

① 합병요건.
1필지요건(소. 등. 축. 지. 지. 지.)충족해야.

② 분할 : **매**. **정**. 허. 용.

③ 지목변경 : **국**. 토. 건. 전.

④ 직권정정 :
정리. 면. 접. 의결. 통지. 작. 성. 산. 입. 초.

⑤ **다시 토지가 된 경우. 회복등록. :**
지적소관청. 할 수 있다.

86. 출제포인트

① 지적소관청. 토지이동. 지적공부정리.

② **토지이동**. **토지이동**정리결의서.
소유자. **소유자**정리결의서.

③ 토이이동정리결의서. :
토지대장. 임야대장. 경계점좌표등록부별로
구분 작성.

④ 소유자정리결의서. 소유권증명(등기자료) 첨부.

⑤ 전산망 확인으로 제출에 갈음.

87. 지적상 **등기촉탁** 에 대한 설명 중 <u>틀린</u> 것은?

① 토지의 소재, 지번, 지목, 경계, 면적, 소유자 등을 변경 정리한 경우에 지적소관청이 관할 등기관서에 등기를 요구하는 것을 말한다.

② 신규등록을 제외한 합병, 토지분할, 지번변경은 등기촉탁 대상이다.

③ 지적공부상 토지소유자정리의 경우에는 등기촉탁을 하지 아니한다.

④ 지적소관청의 등기촉탁은 국가가 국가를 위하여 하는 등기로 본다.

⑤ 축척변경을 한 경우, 등록사항을 정정한 경우, 행정구역개편으로 새로이 지번을 부여한 경우에도 등기촉탁 대상이다.

---

87. **출제포인트**

① 대장을 기준으로 등기부표제부를 일치시키는 절차가 등기촉탁. 따라서 "소유자"를 삭제하여야 함(<u>소유자</u>는 등기부를 기준으로 하므로 등기촉탁의 대상이 안 됨).

88. **토지이동 및 지적정리** 등에 관하여 <u>틀린</u> 것은?

① 지적소관청은 분할·합병에 따른 사유로 토지의 표시변경에 관한 등기를 할 필요가 있는 경우 지체 없이 관할 등기관서에 그 등기를 촉탁하여야 한다.

② 지적소관청은 등록전환으로 인하여 토지의 표시에 관한 등기를 할 필요가 있는 경우 그 등기완료통지서를 접수한 날부터 15일 이내에 해당 토지소유자에게 지적정리를 통지하여야 한다.

③ 지적소관청은 지적공부를 복구하였으나 지적공부 정리내용을 통지받을 자의 주소나 거소를 알 수 없는 경우에는 일간신문, 해당 시·군·구의 공보 또는 인터넷홈페이지에 공고하여야 한다.

④ 지적소관청은 토지의 표시에 관한 변경등기가 필요하지 아니한 경우 지적정리의 통지는 지적공부에 등록한 날부터 15일 이내에 토지소유자에게 하여야 한다.

⑤ 지적공부에 등록된 토지가 바다가 되어 등록을 말소한 경우에도 관할 등기관서에 그 등기를 촉탁하여야 한다.

---

88. **출제포인트**

①⑤ 토지이동(신규등록 제외). 등기촉탁

② **등기촉탁 필요.** 토지소유자에게 통지.
등기완료통지서 접수일부터. 15일 이내.

③ 통지받을 자의 주소 거소를 알 수 없는 경우.
일간신문. 시군구공보. 또는 인터넷홈페이지.

④ **등기촉탁 불요.** 토지소유자에게 통지.
지적공부 등록일부터. 7일 이내.

● ● ●

89. **지적측량** 에 관하여 옳은 것은?

① 지적기준점측량의 절차는 계획의 수립, 준비 및 관측, 선점 및 조표, 현지답사 및 계산과 성과표의 작성 순서에 따른다.

② 지적측량수행자가 지적측량 의뢰를 받은 때에는 지적측량수행계획서를 지체 없이 지적소관청에 제출하여야 한다.

③ 경계복원측량은 지상건축물 등의 현황을 지적도 및 임야도에 등록된 경계와 대비하여 표시하는 데에 필요한 경우 실시한다.

④ 지적측량수행자는 지적측량 의뢰를 받으면 지적측량을 하여 그 측량성과를 결정하여야 한다.

⑤ 공간정보의 구축 및 관리 등에 관한 법률에 따른 지적재조사사업에 따라 토지의 이동이 있는 경우의 측량을 지적재조사측량이라 한다.

●

90. **지적측량** 에 관하여 **틀린** 것은?

① 지적현황측량은 지상건축물 등의 현황을 지적도면에 등록된 경계와 대비하여 표시하기 위해 실시하는 측량을 말한다.

② 지적측량수행자는 지적측량의뢰가 있는 경우 지적측량을 실시하여 그 측량성과를 결정하여야 한다.

③ 지적측량수행자가 경계복원측량을 실시한 때에는 시도지사나 대도시시장 또는 지적소관청에게 측량성과에 대한 검사를 받아야 한다.

④ 지적측량은 기초측량 및 세부측량으로 구분하며, 측판측량, 전자측판측량, 경위의측량, 전파기 또는 광파기측량, 사진측량 및 위성측량 등의 방법에 의한다.

⑤ 지적측량은 토지를 지적공부에 등록하거나 지적공부에 등록된 경계점을 지상에 복원할 목적으로 지적소관청 또는 지적측량수행자가 각 필지의 경계 또는 좌표와 면적을 정하는 측량으로 한다.

89. **출제포인트**

① **기초측량(지적기준점측량) :**
   계. 준. **답사.** 선. 조. **관측.**

② **수행계획서 :**
   ~~그 다음날까지.~~ 지적소관청에.

③ **지적현황측량 :**
   건축물의 현황. 지적도 및 임야도.

④ 수행자. 의뢰받으면. 측량. 성과결정.

⑤ **지적재조사측량.**
   지적재조사에 관한 특별법. 의뢰대상 아님.

90. **출제포인트**

① 지적현황측량 :
   건축물의 현황. 지적도 및 임야도.

② 수행자. 의뢰받으면. 측량. 성과결정.

③ **현. 경.** (이는) **검사 받지 않는다.**

④ 구분(종류) : 기초. 세부.
   방법 : 측판. 전자측판. 경위의. 전파기 광파기.
         사진. 위성.

⑤ 지적측량. 등록. 복원.
   경계(좌표)와 면적을 정하는 측량.

●

91. **지적기준점성과** 와 그 측량기록의 보관 및 열람 등에 관한 설명으로 **틀린** 것은?

① 시·도지사나 지적소관청은 지적기준점성과와 그 측량기록을 보관하여야 한다.

② 지적삼각점성과를 열람하거나 등본을 발급받으려는 자는 시·도지사에게 신청하여야 한다.

③ 지적삼각보조점성과를 열람하거나 등본을 발급받으려는 자는 지적소관청에 신청하여야 한다.

④ 지적도근점성과를 열람하거나 등본을 발급받으려는 자는 지적소관청에 신청하여야 한다.

⑤ 지적기준점성과의 열람 및 등본 발급 신청을 받은 시·도지사나 지적소관청은 이를 열람하게 하거나 등본을 발급하여야 한다.

● ●

92. 토지소유자 甲은 1필지에 대한 분할측량을 한국국토정보공사에 의뢰하였다. 지적기준점을 24점을 설치하여 측량을 실시한 경우 **측량기간** 은?

① 9일
② 10일
③ 11일
④ 12일
⑤ 13일

---

91. **출제포인트**

① 지적기준점(총칭)성과 : 시도지사나 지적소관청
② **지적삼각점(특정)성과 :**
   (관리 : 시도지사)
   (공개 : 시도지사나 지적소관청)
③ 지적삼각보조점(특정)성과 : 지적소관청
④ 지적도근점(특정)성과 : 지적소관청
⑤ 지적기준점(총칭)성과 : 시도지사나 지적소관청

92. **출제포인트**

④ **측량기간 =　기본기간(5일)**
　　　　　　+ 기준점설치기간(?일)

　<기준점설치기간 계산법>

　(1점, 2점, ………, 15점)은 **4일** 가산
　(16점, 17점, 18점, 19점)은 **5일** 가산
　(20점, 21점, 22점, 23점)은 **6일** 가산
　(24점, 25점, 26점, 27점)은 **7일 가산**
　이하 계속 (4점)마다 1일씩 가산하는 방식
　측량기간 =　기본기간(5일)
　　　　　　+ 기준점설치기간(7일)
　　　　 = 12일

93. 　**지적측량의 절차**　등에 관한 설명으로 **틀린** 것은?

① 토지소유자는 토지를 분할하는 경우로서 지적측량을 할 필요가 있는 경우에는 지적측량수행자에게 지적측량을 의뢰하여야 한다.

② 지적측량을 의뢰하려는 자는 지적측량 의뢰서(전자문서로 된 의뢰서를 포함한다)에 의뢰 사유를 증명하는 서류(전자문서를 포함한다)를 첨부하여 지적측량수행자에게 제출하여야 한다.

③ 지적측량수행자는 지적측량 의뢰를 받은 때에는 측량기간, 측량일자 및 측량 수수료 등을 적은 지적측량 수행계획서를 그 다음 날까지 지적소관청에 제출하여야 한다.

④ 지적기준점을 설치하지 않고 측량 또는 측량검사를 하는 경우 지적측량의 측량기간은 4일, 측량검사기간은 5일을 원칙으로 한다.

⑤ 지적측량 의뢰인과 지적측량수행자가 서로 합의하여 따로 기간을 정하는 경우에는 그 기간에 따르되, 전체 기간의 4분의 3은 측량기간으로, 전체 기간의 4분의 1는 측량검사기간으로 본다.

94. 공간정보의 구축 및 관리 등에 관한 법령에 따라 지적 측량의뢰인과 지적측량수행자가 서로 합의하여 토지의 분할을 위한 측량기간과 측량검사기간을 합쳐 24일로 정하였다. 측량 **검사기간** 은? (단, 지적기준점의 설치가 필요 없는 지역임)

① 5일
② 6일
③ 10일
④ 12일
⑤ 18일

93. 　**출제포인트**

① **지적측량수행자에게**
　지적측량 의뢰.

② 지적측량수행자에게
　지적측량 의뢰서·의뢰사유증명서 제출.

③ **수행계획서 :**
　그 다음 날까지. 지적소관청에.

④ **측량기간 5일.**
　검사기간 4일.

⑤ **합의기간의 4분의 3은 측량기간.**
　합의기간의 4분의 1은 검사기간.

94. 　**출제포인트**

② 합의기간의 4분의 3은 측량기간.
　합의기간의 4분의 1은 검사기간.
　따라서 검사기간 = 24일 × 1/4 = 6일

95. **지적위원회**에 관한 설명 중 틀린 것은?

① 국토교통부에 중앙지적위원회, 시·도에 지방지적위원회를 둔다.

② 지방지적위원회는 지적측량 적부심사청구사항을 심의·의결한다.

③ 위원장 및 부위원장을 제외한 위원의 임기는 2년으로 한다.

④ 간사는 위원 중에서 호선한다.

⑤ 위원장·부위원장 각 1인 포함 5명 이상 10명 이내로 구성한다.

96. **지적위원회와 축척변경위원회**를 비교한 내용이다. 옳은 것은?

① 양(兩) 위원회는 모두 5~10명의 위원으로 구성하고, 위원장은 모두 지적소관청이 지명한다.

② 지적위원회는 상설기관이어서 위원장과 부위원장을 포함하여 모든 위원이 임기가 있고 간사가 있으나, 축척변경위원회는 임시기관이어서 임기를 논하지 않고 간사도 두지 아니 한다.

③ 축척변경위원회는 위원의 과반을 토지소유자로 하되 토지소유자가 5명 이하인 경우에는 전원을 위원으로 위촉하여야 한다.

④ 양 위원회의 위원에게는 예산의 범위에서 출석수당과 여비, 그 밖의 실비를 지급할 수 있다. 다만, 공무원인 위원이 그 소관 업무와 직접적으로 관련되어 출석하는 경우에는 그러하지 아니하다.

⑤ 양 위원회의 회의는 위원장 포함 재적 위원의 과반의 출석으로 개의하고, 출석 위원의 과반의 찬성으로 의결한다.

95. **출제포인트**

① **국토교통부는 중앙. 시도는 지방.**

② 지방지적위원회. 적부 "심사"에 대한 심의 의결.

③ **지적위원회. 정부위원장 제외하고 2년의 임기.**

④ 간사는 지적업무담당공무원 중에서 임명.

⑤ **지적위원회. 정부위원장 포함하여 5~10명.**

96. **출제포인트**

① 축척변경위원회의 위원장은 지적소관청이 지명.

② 지적위원회의 위원의 임기는 정부위원장 제외하고 2년.

③ 축척변경위원회는 위원의 2분의 1이상을 토지소유자로.

④ 위원에게는 예산의 범위 내에서 수당. 여비. 실비를 지급할 수 있다(양 위원회 공통).

⑤ 축척변경위원회의 회의는 위원장 포함 재적 위원 과반의 출석으로 개의.

97. **중앙지적위원회** 의 구성 및 회의 등에 관한 설명으로 **틀린** 것은?

① 위원장은 국토교통부의 지적업무 담당 국장이, 부위원장은 국토교통부의 지적업무 담당 과장이 된다.

② 중앙지적위원회는 관계인을 출석하게 하여 의견을 들을 수 있으며, 필요하면 현지조사를 할 수 있다.

③ 중앙지적위원회는 위원장 1명과 부위원장 1명을 포함하여 5명 이상 10 이하의 위원으로 구성한다.

④ 중앙지적위원회의 회의는 재적위원 과반수의 출석으로 개의(開議)하고, 출석위원 과반수의 찬성으로 의결한다.

⑤ 위원장이 중앙지적위원회의 회의를 소집할 때에는 회의 일시·장소 및 심의 안건을 회의 5일 전까지 각 위원에게 구두 또는 서면으로 통지하여야 한다.

98. **지적위원회 및 지적측량적부심사** 등에 대한 설명으로 **틀린** 것은?

① 중앙지적위원회는 지적기술자의 업무정지 처분 및 징계요구에 관한 사항을 심의·의결을 할 수 있으며 국토교통부에 둔다.

② 지적측량적부심사청구사항의 심의·의결을 위하여 시도에 지방지적위원회를 둔다.

③ 중앙지적위원회의 위원장이 위원회의 회의를 소집하는 때에는 회의일시·장소 및 심의안건을 회의 5일 전까지 각 위원에게 서면으로 통지해야 한다.

④ 지적측량의 성과에 대하여 불복하는 자는 관할 시·도지사를 거쳐 지방지적위원회에 지적측량 적부심사를 청구할 수 있다.

⑤ 의결서를 받은 자가 지방지적위원회의 의결에 불복하는 경우에는 그 의결서를 받은 날부터 90일 이내에 국토교통부장관에게 직접 재심사를 청구할 수 있다.

97. **출제포인트**

① **국장이 위원장. 과장이 부위원장.**
　따라서 별도의 임기✗
　일반 위원의 임기는 2년

② 의견청취. 현지조사.

③ **위원장 부위원장도 위원**
　따라서 위원수에 포함하여 5~10명

④ **재적과반. 출석과반.**

⑤ **위원장. 회의 소집. 5일 전까지. <u>서면</u> 통지.**

98. **출제포인트**

① **중앙**(국토교통부) : **재심사**. 정책. 기술. 기술자.

② **지방**(지방)　　　　: **심사**.

③ **위원장. 회의 소집. 5일 전까지. 서면 통지.**

④ **성과에 다툼이 있는 경우 : 적부 심사.**
　시도지사를 거쳐. 지방지적위원회에.

⑤ **의결에 불복하는 경우 : 재심사. 90일 이내.**
　<u>국토교통부장관을 거쳐. 중앙지적위원회에.</u>

● ● ●

99. 지적측량 적부심사 에 관하여 틀린 것은?

① 지적측량 적부심사청구를 받은 시·도지사는 30일 이내에 지방지적위원회에 회부하여야 한다.

② 지적측량 적부심사청구를 회부받은 지방지적위원회는 그 심사청구를 회부받은 날부터 60일 이내에 심의·의결하여야 한다.

③ 지적위원회는 부득이한 경우에는 심의기간을 시도지사의 승인을 받아 30일 이내에서 한번만 연장할 수 있다.

④ 지방지적위원회는 지적측량 적부심사를 의결하였으면 의결서를 작성하여 시·도지사에게 송부하여야 한다.

⑤ 의결서를 받은 자가 지방지적위원회의 의결에 불복하는 경우에는 그 의결서를 받은 날부터 90일 이내에 국토교통부장관을 거쳐 중앙지적위원회에 재심사를 청구할 수 있다.

● ●

100. 공간정보의 구축 및 관리 등에 관한 법령상 지적측량성과에 대하여 다툼이 있는 경우에 관할 시·도지사를 거쳐 지방지적위원회에 지적측량 적부심사 를 청구할 수 있는 주체가 아닌 것은?

① 토지소유자
② 이해관계인
③ 지적소관청
④ 한국국토정보공사
⑤ 지적측량업자

100. 출제포인트

① 지적측량 의뢰인
② 지적측량 의뢰인
③ 지적측량 적부심사는
　　의뢰인 또는 **수행자**가 청구할 수 있다.
④ 지적측량 수행자
⑤ 지적측량 수행자

1. 조급함을 버리고,

2. 하나씩 차근차근,

3. 계속 반복하는 것

합격으로 가는 길입니다

– 스티브섭스 임의섭 –

99. 출제포인트

① **지적위원회에 회부 : 30일 이내.**
② **지적위원회의 심의 의결 : 60일 이내**
③ 지적위원회. **부득이. 연장할 수 있다.**
　　해당 위원회의 의결로써. 30일 이내. 한번만.
④ 지적위원회. **의결서. 회부했던 관청에 송부.**
⑤ 의결에 불복하는 경우 : 재심사. 90일 이내.
　　국토교통부장관을 거쳐. 중앙지적위원회에.

〔시험에 딱 필요한 것만〕
스티브섭스 임의섭 파이널패스 100선(4편)

복습문제100

● 대표문제 100선의 문제를 다시 한 번 복습할 수 있도록 해설 없이 문제만으로 구성하였습니다.

1. 서두르지 말 것

2. 하나씩 할 것

3. 확실하게 할 것

한번에 합격합시다!

<등기편>

●●●

1. 에 관한 내용 중 <u>틀린</u> 것은?

① 소유권, 지상권(구분지상권 포함), 지역권, 전세권, 저당권, 권리질권, 채권담보권, 임차권은 등기할 수 있는 권리이다.

② 개방형축사, 고정식 농업용 온실, 지붕 있는 컨테이너 건축물이나 패널 구조 건축물, 비각, 싸이로, 유류저장탱크는 건물로 등기할 수 있다.

③ 하천법상의 하천(지목이 하천 또는 제방일 것, 용익권등기는 제외), 도로법상의 도로, 방조제는 등기할 수 없다.

④ 용익등기는 부동산의 일부에는 가능하나 지분에는 불가능하고, 처분등기의 경우에는 이와 반대이다.

⑤ 수인의 권리자 중 1인이 자기지분만 등기할 수 없고 전원명의로(=1이 되게) 등기하여야 하는 경우로 보존등기, 상속등기가 있다.

●●●

2. 다음 중 인 것은?

① 임차권을 목적으로 하는 근저당권
② 부동산의 합유지분에 대한 가압류
③ 구분지상권
④ 농지에 대한 전세권
⑤ 주위토지통행권

3. **부기등기** 로 실행하는 등기가 <u>아닌</u> 것은?

① 전세권설정등기

② 전세권저당권설정등기

③ 전세권이전등기

④ 이해관계인의 승낙을 얻은 전세권변경등기

⑤ 전세권에 대한 가압류등기

4. **등기의 순위** 다음 중 <u>틀린</u> 것은?

① 같은 부동산에 관하여 등기한 권리의 순위는 법률에 다른 규정이 없으면 등기한 순서에 따른다.

② 등기의 순서는 등기기록 중 같은 구(區)에서 한 등기 상호간에는 순위번호에 따르고, 다른 구에서 한 등기 상호간에는 접수번호에 따른다.

③ 부기등기(附記登記)의 순위는 주등기(主登記)의 순위에 따른다. 다만, 같은 주등기에 관한 부기등기 상호간의 순위는 그 등기 순서에 따른다.

④ 가등기에 의한 본등기를 한 경우 본등기의 순위는 가등기의 순위에 따른다.

⑤ 대지권에 대한 등기로서의 효력이 있는 등기와 대지권의 목적인 토지의 등기기록 중 해당 구에 한 등기의 순서는 순위번호에 따른다.

5. **등기의 효력** 에 관한 설명으로 옳은 것은?

① 등기에는 물권변동의 효력이 없다.

② 우리나라에서는 등기의 대항적 효력이 없다.

③ 소유권이전등기가 경료되어 있는 경우 그 등기명의인은 그 전소유자에 대하여는 추정력이 없다.

④ 등기에는 점유추정력은 없지만 점유적 효력은 있다.

⑤ 등기의 공신력은 부정되지만, 선의 제3자를 보호하기 위하여 필요한 경우이거나 거래의 안전을 위하여 필요한 경우에는 공신력을 인정하는 예외가 있다.

6. **등기의 추정력** 에 대한 설명으로 틀린 것은?

① 등기가 있으면 실체관계가 있는 것으로 인정되는 것을 말한다.

② 입증책임은 그 무효를 주장하는 자에게 있다.

③ 표제부의 등기에는 추정력이 없다.

④ 가등기에도 추정적효력이 있다.

⑤ 판례는 권리변동의 당사자간에도 추정력을 인정한다.

7. 등기의 효력 에 관한 다음 설명 중 틀린 것은?

① 어느 부동산에 관하여 등기가 경료되어 있는 경우 특별한 사정이 없는 한 그 원인과 절차에 있어서 적법하게 경료된 것으로 추정된다.

② 관할을 위반한 등기나 사건이 등기할 것 아닌 등기라 하더라도 실체관계에 부합하는 한 그 등기를 무효라 할 수는 없다.

③ 위조한 첨부서면에 의한 등기나 무권대리인에 의한 등기라 하더라도 실체관계에 부합하는 한 그 등기를 무효라 할 수는 없다.

④ 등기가 존재하고 있는 이상은 그 유무효를 막론하고 형식상의 효력을 가지는 것이므로, 그것을 말소하지 않고서는 그것과 양립할 수 없는 등기는 할 수 없다.

⑤ 등기관이 등기를 마친 경우 그 등기는 접수한 때부터 효력을 발생한다.

8. 등기의 효력 에 관한 설명으로 틀린 것은?

① 甲소유 미등기부동산을 乙이 매수하여 乙명의로 한 소유권보존등기도, 부동산을 증여하였으나 등기원인을 매매로 기록한 소유권이전등기도 유효하다.

② 건물멸실로 무효인 소유권보존등기는 이해관계 있는 제3자가 있기 전 신축건물에 유용하기로 합의한 경우에도 무효이다.

③ 실체적 권리관계의 소멸로 인하여 무효가 된 담보가등기라도 이해관계 있는 제3자가 있기 전에 다른 채권담보를 위하여 유용할 수 없다.

④ 전세권설정등기를 하기로 합의하였으나 당사자 신청의 착오로 임차권으로 등기된 경우, 권리자는 甲임에도 불구하고 당사자 신청의 착오로 乙명의로 등기된 경우 모두 그 불일치를 경정등기로 시정할 수 없다.

⑤ 토지거래허가구역 내의 토지에 관하여, 중간생략등기의 합의 하에 최초매도인과 최종매수인을 당사자로 하는 토지거래허가를 받아 최초매도인으로부터 최종매수인 앞으로 한 소유권이전등기는 무효이다.

9. **집합건물등기** 에 관한 설명 중 <u>틀린</u> 것은?

① 대지권등기를 하였을 경우, 1동 건물의 등기기록의 표제부에 소유권이 대지권이라는 뜻의 등기를 한다.

② 1동 건물의 표제부에 대지권의 목적인 토지의 표시에 관한 사항을 기록한다.

③ 전유부분의 표제부에 대지권의 표시에 관한 사항을 기록한다.

④ 공동규약을 폐지하는 경우 그 성질은 지분의 이전이지만 갑구가 없었으므로 새로운 취득자가 소유권보존등기를 하여야 한다.

⑤ ④의 경우 표제부의 공용부분이라는 뜻의 기록을 지운다.

10. **집합건물등기** 에 관한 설명 중 <u>틀린</u> 것은?

① 규약상 공용부분은 등기부에 공용부분이라는 뜻을 기록하여야 한다.

② 1동 건물을 구분한 건물에 있어서는 1동의 건물에 속하는 전부에 대하여 1등기기록을 사용한다. 다만, 구분건물의 열람 발급에 있어서는 1동의 건물의 표제부와 해당 전유부분에 관한 등기기록만을 1개의 등기기록으로 본다.

③ 구분건물의 요건을 갖춘 1동의 건물 전체를 일반건물로 등기할 수 없다.

④ 대지권등기 후 건물소유권에 대한 등기를 하였다면, 그 등기는 건물 만에 한한다는 뜻의 부기가 없는 한 대지권에 대하여도 동일한 효력을 가진다.

⑤ 건물의 등기기록에 대지권의 등기를 한 때에는 그 권리의 목적인 토지의 등기기록에 대지권이라는 뜻의 등기를 하여야 한다.

11. **대지권등기** 에 관련된 설명으로 틀린 것은?

① 전유부분과 같이 처분되는 대지사용권을 대지권이라 한다.

② 대지권이라는 뜻의 등기가 된 토지의 등기기록에는 처분등기를 할 수 없다.

③ 대지권을 등기한 건물의 등기기록에는 그 건물 만에 관한 처분등기를 할 수 없다.

④ 대지권에 대한 전세권설정등기는 하지 못한다.

⑤ 대지권을 등기한 건물의 등기기록에는 그 건물 만에 관한 전세권설정등기를 할 수 없다.

12. **등기기록의 열람 및 발급** 에 관한 설명으로 옳은 것은?

① 인터넷 열람 등의 모든 인터넷 등기서비스는 365일 24시간 제공하는 것을 원칙으로 한다.

② 인터넷에 의한 등기기록의 열람 및 등기사항증명서 발급의 경우에도 신청서의 제출은 필요하다.

③ 무인발급기를 이용하여 발급할 수 있는 등기사항증명서는 말소사항포함 등기사항전부증명서에 한한다.

④ 등기소장은 등기기록의 분량과 내용에 비추어 무인발급기나 인터넷에 의한 열람 또는 발급이 적합하지 않다고 인정되는 때(무인발급 : 16장 이상, 인터넷발급 : 갑구 및 을구 명의인 500인 이상)에는 이를 제한할 수 있다.

⑤ 등기신청이 접수된 부동산에 관하여는 등기관이 그 등기를 마칠 때까지 등기사항증명서를 발급하지 못한다. 다만, 그 부동산에 등기신청사건이 접수되어 처리 중에 있다는 뜻을 등기사항증명서에 표시하여 발급할 수 있다.

13. **단독신청** 에 의하는 등기를 모두 고른 것은? (단, 판결에 의한 신청은 제외)

ㄱ. 소유권보존등기의 말소등기
ㄴ. 전세금을 증액하는 전세권변경등기
ㄷ. 법인합병을 원인으로 한 소유권이전등기
ㄹ. 특정유증으로 인한 소유권이전등기
ㅁ. 신탁등기

① ㄱ, ㄷ
② ㄱ, ㄹ
③ ㄴ, ㄹ
④ ㄱ, ㄷ, ㅁ
⑤ ㄷ, ㄹ, ㅁ

14. **등기신청** 에 관한 설명으로 <u>틀린</u> 것은?

① 공동신청이 요구되는 등기라 하더라도 다른 일방의 의사표시를 명하는 이행판결이 있는 경우에는 단독으로 등기를 신청할 수 있다.

② 매도인 甲과 매수인 乙이 매매계약을 체결한 후 아직 등기신청을 하지 않고 있는 동안, 매도인 甲이 사망한 경우에는 상속등기를 생략하고 甲의 상속인이 등기의무자가 되어 그 등기를 신청할 수 있다.

③ 유증을 원인으로 하는 소유권이전등기의 경우, 특정유증은 공동신청에 의하고, 포괄유증은 단독신청에 의한다.

④ 채권자는 민법 제404조에 따라 채무자를 대위(代位)하여 채무자명의의 등기를 신청할 수 있다.

⑤ 甲, 乙, 丙 순으로 소유권이전등기가 된 상태에서 甲이 乙과 丙을 상대로 원인무효에 따른 말소판결을 얻은 경우, 甲이 확정판결에 의해 丙명의의 등기의 말소를 신청할 때에는 乙을 대위하여 신청하여야 한다.

15. 　**판결에 의한 등기**　에 관하여 **틀린** 것은?

① 판결에 의하여 소유권이전등기를 신청하는 경우, 그 판결주문에 등기원인의 기록이 없으면 등기신청서에 '확정판결'을 등기원인으로 기록하여야 한다.

② 확정되지 아니한 가집행선고가 붙은 판결에 의하여 등기를 신청한 경우 등기관은 그 신청을 각하하여야 한다.

③ 판결에 의한 소유권이전등기 신청서에는 판결정본과 그 판결에 대한 확정증명서를 첨부하여야 한다.

④ 공유물분할판결이 확정되면 그 소송의 피고도 단독으로 공유물분할을 원인으로 한 지분이전등기를 신청할 수 있다.

⑤ 매매계약이 무효라는 확인판결에 의한 소유권이전등기의 말소등기도 승소한 자가 단독으로 신청할 수 있다.

16. 　**등기당사자능력**　에 관한 설명으로 **틀린** 것은?

① 아파트 입주자대표회의 명의로 그 대표자 또는 관리인이 등기를 신청할 수 있다.

② 민법상 조합이 소유하는 부동산은 조합원의 합유로 등기한다.

③ 특별법에 의하여 설립된 농업협동조합의 부동산은 조합의 명의로 등기하여야 한다.

④ 국가나 지방자치단체도 등기신청의 당사자능력이 인정된다.

⑤ 본부·지부·지회는 그 단체성을 인정받아 등기명의인이 될 수 있다.

●●●

17. 등기신청시 제출하는 **인감증명**에 관한 설명으로 <u>틀린</u> 것은?

① 소유권 등기명의인이 등기의무자로서 등기를 신청하는 경우 등기의무자의 인감증명을 제출하여야 한다.

② 소유권 가등기명의인이 가등기의 말소등기를 신청하는 경우 가등기명의인의 인감증명을 제출하여야 한다.

③ 소유권 외의 권리의 등기명의인이 등기의무자로서 등기필정보가 없어 확인조서로 등기를 신청하는 경우 등기의무자의 인감증명을 제출할 필요가 없다.

④ 협의분할에 의한 상속등기를 신청하는 경우 상속인 전원의 인감증명을 제출하여야 한다.

⑤ 소유권이전등기의 등기의무자가 다른 사람에게 권리의 처분권한을 수여한 경우에는 그 대리인의 인감증명을 함께 제출하여야 한다.

●●

18. 등기신청시 **등기필정보**의 **제공**이 필요한 경우는?

① 소유권보존등기의 신청시

② 상속등기의 신청시

③ 관공서의 등기촉탁시

④ 승소한 등기권리자의 등기신청시

⑤ 승소한 등기의무자의 등기신청시

19. 등기신청 시 등기의무자의 권리에 관한 등기필정보 의 제공 에 관한 설명으로 틀린 것은?

① 소유권보존등기를 신청할 경우, 등기필정보의 제공을 요하지 않는다.

② 유증을 원인으로 하는 소유권이전등기를 신청할 경우, 등기필정보를 제공하여야 한다.

③ 상속으로 인한 소유권 이전등기를 신청할 경우, 등기필정보의 제공을 요하지 않는다.

④ 승소한 등기의무자가 단독으로 소유권이전등기를 신청할 경우, 등기필정보를 제공하여야 한다.

⑤ 판결에 의하여 소유권이전등기를 신청할 경우, 등기필정보를 제공하여야 한다.

20. 등기신청시 주소증명정보 를 제공하는 경우가 아닌 것은?

① 소유권보존등기신청시 등기권리자

② 소유권이전등기신청시 등기의무자

③ 소유권이전등기신청시 등기권리자

④ 지상권설정등기신청시 등기권리자

⑤ 저당권말소등기신청시 등기권리자

[보충1] 등기신청시 농지취득자격증명을 제공하는 경우는?

① 농지를 신탁하는 경우

② 농지에 대한 진정명의회복등기를 하는 경우

③ 농지를 시효취득하는 경우

④ 농지를 상속받는 경우

⑤ 농지에 대한 소유권이전청구권가등기를 하는 경우

[보충2] 등기신청시 토지거래허가증명정보를 제공하는 경우로 틀린 것은?

① 소유권이전등기

② 소유권이전가등기

③ 지상권설정등기

④ 신탁등기

⑤ 지상권이전가등기

21. (부동산) **등기용등록번호** 를 부여하는 주체를 연결하였다. 틀린 것은?

① 국가, 지방자치단체, 국제기관, 외국정부
　: 국토교통부장관

② 주민등록번호가 없는 재외국민
　: 대법원 소재지 관할 등기소의 등기관

③ 법인
　: 주된 사무소 소재지 관할 등기소의 등기관

④ 법인 아닌 사단이나 재단
　: 주된 사무소 소재지 관할 시장·군수·구청장

⑤ 외국인
　: 체류지를 관할 지방출입국·외국인관서의 장

22. 전산정보처리조직에 의한 등기신청(인터넷 등기 **전자신청**)에 관련된 설명으로 틀린 것은?

① 사용자등록을 한 법무사에게 전자신청에 관한 대리권을 수여한 등기권리자는 사용자등록의 여부와 관계없이 법무사가 대리하여 전자신청을 할 수 있다.

② 최초로 사용자등록을 신청하는 당사자 또는 자격자대리인은 등기소에 출석하여야 한다.

③ 전자신청을 위한 사용자등록은 전국 어느 등기소에서나 신청할 수 있다.

④ 법인 아닌 사단은 법인 아닌 사단을 명의로 그 대표자나 관리인이 전자신청을 할 수 있다.

⑤ 사용자등록 신청서에는 인감증명을 첨부하여야 한다.

23. 부동산등기법 제29조 **제2호** "사건이 등기할 것이 아닌 때"에 해당하는 것이 <u>아닌</u> 것은?
① 일부공유자의 자기지분만에 대한 보존등기
② 가등기에 기한 본등기금지의 가처분등기
③ 위조된 甲의 인감증명에 의한 소유권이전등기
④ 공유지분에 대한 전세권설정등기
⑤ 대지권에 대한 전세권설정등기

24. **등기필정보**의 **작성 통지**에 관한 설명 중 <u>틀린</u> 것은?
① 말소등기나 말소회복등기를 한 경우에는 등기필정보를 작성·통지하지 아니 한다.
② 소유권이전의 가등기를 한 경우에 불과하다면 권리를 취득하지 아니한 것이므로 등기필정보를 작성·통지하지 아니한다.
③ 채권자가 채무자를 대위하여 등기를 신청한 경우에는 등기관은 등기를 완료한 때에 채권자에게 등기필정보를 작성·통지하지 아니한다.
④ 등기권리자가 원하지 않는 경우 또는 등기필정보를 3월 이내에 수신하지 않는 경우에는 등기완료 후 등기필정보를 작성·통지하지 아니한다.
⑤ 관공서가 등기권리자를 위하여 등기를 촉탁한 경우에는 등기완료 후 등기필정보를 작성·통지한다.

25. 등기관의 처분에 대한 **이의신청** 에 관한 설명으로 <u>틀린</u> 것은?

① 등기관의 처분이 부당하다고 하는 자는 관할 등기소에 이의신청서를 제출함으로써 이의신청을 할 수 있다.

② 등기관의 처분에 대한 당부의 판단은 이의 심사시를 기준으로 한다.

③ 등기관의 처분 후의 새로운 사실을 이의신청의 이유로 삼을 수 없다.

④ 이의는 집행정지의 효력이 없다.

⑤ 이의신청은 서면으로 하고, 신청기간에 대해서는 아무런 제한이 없다.

26. 등기관의 처분이나 결정에 대하여 **이의신청** 을 할 수 <u>없는</u> 경우는?

① 사건이 등기할 것이 아닌 때에 해당하여 각하한 경우

② 사건이 등기할 것이 아닌 때에 해당함에도 등기한 경우

③ 첨부정보를 제공하지 아니하여 각하한 경우

④ 첨부정보를 제공하지 아니함에도 등기한 경우

⑤ 사건이 등기소의 관할에 속하지 아니함에도 등기한 경우

27. 부동산등기법상 미등기 **토지** 에 대하여 자기 명의로 **소유권보존등기** 를 신청할 수 <u>없는</u> 자는?

① 토지대장상 최초 소유자의 상속인
② 특별자치도지사·시장·군수·구청장(자치구)의 확인으로 소유권을 증명하는 자
③ 판결에 의하여 자기의 소유권을 증명하는 자
④ 수용으로 인하여 소유권을 취득하였음을 증명하는 자
⑤ 미등기토지의 지적공부상 '국(國)'으로부터 소유권이전등록을 받은 자

28. **토지** 의 **소유권보존등기** 에 관한 설명으로 옳은 것은?

① 등기관이 미등기 토지에 대하여 법원의 촉탁에 따라 가압류등기를 할 때에는 직권으로 소유권보존등기를 한다.
② 특별자치도지사의 확인에 의해 자기의 소유권을 증명하여 소유권보존등기를 신청할 수 있다.
③ 미등기 토지를 토지대장상의 소유자로부터 증여받은 자는 직접 자기명의로 소유권보존등기를 신청할 수 있다.
④ 등기관이 소유권보존등기를 할 때에는 등기부에 등기원인과 그 연월일을 기록하여야 한다.
⑤ 확정판결에 의하여 자기의 소유권을 증명하여 소유권보존등기를 신청할 경우, 소유권을 증명하는 판결은 확인판결에 한한다.

29. **소유권등기** 에 관한 설명으로 <u>틀린</u> 것은?

① 갑과 을이 공유하나 건축물대장상 공유지분 표시가 없는 건물에 대해 갑의 지분 2/3, 을의 지분 1/3로 보존등기하기 위해서 을의 인감증명을 첨부하여야 한다.

② 미등기 토지에 가처분등기를 하기 위하여 등기관이 직권으로 소유권보존등기를 한 경우, 법원의 가처분등기말소촉탁이 있으면 직권으로 소유권보존등기를 말소한다.

③ 미등기토지에 관한 소유권보존등기는 수용으로 인해 소유권을 취득했음을 증명하는 자도 신청할 수 있다.

④ 미등기건물의 건축물대장에 최초의 소유자로 등록된 자로부터 포괄유증을 받은 자는 그 건물에 관한 소유권보존등기를 신청할 수 있다.

⑤ 법원이 미등기부동산에 대한 소유권의 처분제한등기를 촉탁한 경우, 등기관은 직권으로 소유권보존등기를 하여야 한다.

30. **거래가액등기** 에 관하여 옳은 것은?

① 2 이상의 부동산을 매매계약서에 의하여 소유권이전등기를 하는 경우는 언제나 매매목록을 제출하여야 한다.

② 매매계약서가 아닌 매매예약서로 소유권이전청구권가등기에 의한 본등기를 신청하는 경우 거래가액을 등기하지 아니 한다.

③ 등기된 매매목록은 당초의 신청에 착오가 있는 경우에는 경정할 수 있다.

④ 매매계약서를 등기원인증서로 제출한다면 소유권이전청구권가등기를 신청하는 때에도 거래가액을 등기하여야 한다.

⑤ 등기원인증명정보와 거래신고필증의 주민등록번호는 동일하지만 주소가 불일치한 경우에는 법 제29조제9호로 각하하여야 한다.

31. 판결에 의한 **진정명의회복등기** 를 등기권리자가 신청할 경우에 관한 설명 중 옳은 것은?

① 등기의무자의 권리에 관한 등기필정보를 제공하여야 한다.

② 토지거래허가대상인 토지인 경우에 토지거래허가정보를 제공하여야 한다.

③ 농지인 경우에 농지취득자격증명을 제공하여야 한다.

④ 등기원인증명정보를 제공하여야 한다.

⑤ 등기신청정보에 등기원인일자로 판결선고일을 기록하여야 한다.

32. **상속등기** 에 관한 설명으로 <u>틀린</u> 것은?

① 상속인이 수인인 경우 상속인들의 공동신청에 의한다.

② 상속등기 전에 협의분할이 있은 경우 상속등기(소유권이전등기)를 하게 된다.

③ 상속등기 후에 협의분할이 있은 경우 소유권경정등기를 하게 된다.

④ 상속인이 수인인 경우 각자가 자기 지분만의 상속등기를 할 수 없다.

⑤ 상속인이 수인인 경우 상속인 중 1인이 전원명의의 상속등기를 신청할 수 있다.

33. **유증등기** 에 관하여 옳은 것은?

① 유증을 등기원인으로 하는 소유권이전등기를 신청하는 경우 등기필정보를 제공하여야 한다.

② 특정유증등기는 공동신청에 의하고, 포괄유증등기는 단독신청에 의한다.

③ 유류분을 침해하는 유증등기를 신청한 경우 부동산등기법 제29조 제2호로 각하된다.

④ 미등기부동산의 포괄유증의 경우 직접 포괄수증자 명의의 보존등기는 할 수 없다.

⑤ 수증자가 여러 명인 포괄유증의 경우 수증자 전원이 공동으로 신청하여야 하고, 각자가 자기 지분만에 관하여 등기를 신청할 수 없다.

34. **지상권등기** 에 관한 설명으로 틀린 것은?

① 지상권이전등기시 토지소유자의 승낙은 필요 없다.

② 지료는 지상권설정등기신청서의 임의적 신청정보이다.

③ 분필등기를 거치지 않으면 1필의 토지 일부에 관한 지상권설정등기는 할 수 없다.

④ 타인의 농지에 대하여도 지상권설정등기를 할 수 있다.

⑤ 존속기간을 불확정기간으로 하는 지상권설정등기도 할 수 있다.

35. **지역권등기** 에 대한 설명으로 <u>틀린</u> 것은?

① 지역권설정등기신청서에는 부동산의 표시 등 일반적 기록사항 이외에 지역권설정의 목적과 범위 및 요역지·승역지의 표시를 기록하여야 한다.

② 승역지의 지상권자도 지역권설정자로서 등기의무자가 될 수 있고, 이 경우의 지역권설정등기는 지상권등기에 부기등기로 실행한다.

③ 지역권의 경우 보통 대가나 존속기간의 약정을 하므로 이를 임의적 신청정보로 등기할 수 있다.

④ 토지의 일부를 목적으로 하는 경우에는 그 목적된 토지의 일부를 표시한 지적도를 첨부하여야 한다.

⑤ 지역권설정등기를 실행한 등기관은 요역지 지역권등기를 직권으로 실행한다.

36. **전세권등기** 에 관한 설명으로 <u>틀린</u> 것은?

① 공유부동산에 전세권을 설정할 경우, 그 등기기록에 기록된 공유자 전원이 등기의무자이다.

② 토지의 일부에 대한 전세권설정등기도 가능하다.

③ 건물의 공유지분에 대한 전세권설정등기를 신청하는 경우 부동산등기법 제29조 제2호에 의하여 각하된다.

④ 전세권이 소멸하기 전에 전세금반환채권의 일부양도에 따른 전세권일부이전등기를 신청할 수 있다.

⑤ 전세금반환채권의 일부양도를 원인으로 한 전세권일부이전등기를 할 때 양도액을 기록한다.

37. 　임차권등기　에 관한 설명으로 <u>틀린</u> 것은?

① 임차권설정등기와 임차권명령등기는 그 법적근거가 다르다.

② 임차권등기명령에 따라 주택임차권등기가 된 경우, 그 등기에 기초한 임차권이전등기를 할 수 있다.

③ 임차권설정등기의 경우 차임과 범위는 필요적 신청정보이다.

④ 주택임차권등기의 경우 임차보증금은 필요적 신청정보이다.

⑤ 존속기간은 임차권설정등기의 경우에는 임의적 신청정보이지만 주택임차권등기의 경우에는 등기사항이 아니다.

●●●

38. 　근저당권등기　에 관한 설명으로 <u>틀린</u> 것은?

① 등기상 이해관계 있는 제3자가 있는 경우에는 그의 승낙서를 첨부한 때에 한하여 부기에 의하여 근저당권변경등기를 한다.

② 채권최고액을 증액하는 근저당권변경등기 시 후순위 근저당권자는 이해관계인에 해당하므로 그의 승낙서를 첨부하면 부기등기로 실행하고 첨부하지 못하면 주등기로 실행한다.

③ 피담보채권이 확정되기 전에 그 피담보채권이 양도된 경우, 이를 원인으로 하여 근저당권이전등기를 신청할 수 없다.

④ 채권최고액을 감액하는 근저당권변경계약에 따른 근저당권변경등기신청서에는 설정자의 인감증명을 첨부할 필요가 없다.

⑤ 증축된 건물에 근저당권의 효력이 미치도록 하기 위하여 별도의 근저당권변경등기를 하여야 한다.

39. **근저당권등기** 에 관한 설명으로 옳은 것은?

① 근저당권이전의 부기등기는 주등기인 근저당권설정등기가 말소된 후 별도의 신청에 의하여 말소된다.

② 일정한 금액을 목적으로 하지 아니하는 채권을 담보하기 위한 저당권설정의 등기는 할 수 없다.

③ 근저당권설정등기의 등기원인으로는 그 설정계약이 기록되고 기본계약의 내용은 기록되지 않는다.

④ 근저당권설정등기에서 채권최고액은 반드시 단일하게 기록하여야 하는 것은 아니다.

⑤ 근저당권설정등기에서 존속기간, 변제기, 약정, 이자는 임의적 신청정보에 해당한다.

40. **직권경정등기** 에 관한 설명으로 틀린 것은?

① 경정등기는 경정 전후의 동일성이 있어야 하지만, 직권경정등기의 경우에는 오로지 등기관의 잘못에 의하여 등기된 것을 바로잡는 것이므로 경정 전후의 동일성은 문제되지 않는다.

② 직권경정등기는 등기상 이해관계 있는 제3자가 있는 경우에는 제3자의 승낙이 있어야 한다.

③ 권리자는 甲임에도 불구하고 당사자 신청의 착오로 乙 명의로 등기된 경우 그 불일치는 신청에 의한 경정의 대상이다.

④ 직권경정 후 지방법원장에게 그 취지를 사후 보고하여야 하고, 당사자에게도 사후 통지하여야 한다.

⑤ 직권경정 후 등기권리자 또는 등기의무자가 여러 명인 때에는 그 중 1인에게 통지하면 되며, 채권자 대위에 있어서는 대위한 채권자에게도 통지하여야 한다.

41. 에 관한 설명으로 <u>틀린</u> 것은?

① 판결에 의하여 말소등기를 단독으로 신청하는 경우에는 이해관계인의 승낙서를 첨부할 필요가 없다.

② 말소할 권리를 목적으로 하는 제3자 권리의 말소는 등기관의 직권에 의한다.

③ 권리소멸약정에 의한 말소등기는 단독신청에 의한다.

④ 등기의 일부를 붉은 선으로 지우는 것은 말소등기가 아니다.

⑤ 등기권리자가 등기의무자의 소재불명으로 인하여 공동으로 등기의 말소를 신청할 수 없을 때에는 제권판결이 있으면 등기권리자가 그 사실을 증명하여 단독으로 등기의 말소를 신청할 수 있다.

42. 에 관하여 <u>틀린</u> 것은?

① 신탁등기는 수탁자의 단독으로 신청한다.

② 신탁등기는 권리등기와 동시에 일괄하여 신청하고 하나의 순위번호를 사용한다. 위탁자나 수익자는 수탁자를 대위할 수 있고, 대위하는 경우에는 동시를 요하지 아니한다.

③ 수탁자가 여러 명인 경우 등기관은 신탁재산이 합유인 뜻을 기록하여야 한다.

④ 등기관이 신탁등기를 할 때에는 신탁원부를 작성하는데, 이는 등기기록의 일부로 본다.

⑤ 농지에 대하여 신탁법상 신탁을 등기원인으로 하여 소유권이전등기를 신청하는 경우, 농지신탁은 그 목적이 분명하므로 별도의 농지취득자격증명은 요하지 아니 한다.

43. 다음 중 가등기 에 관한 설명 중 옳은 것은?

① 가등기권리자가 가등기를 명하는 가처분명령을 신청할 경우, 가등기의무자의 주소지를 관할하는 지방법원에 신청한다.

② 가등기는 그에 기한 본등기가 이루어지기 전에는 물권변동을 일으키는 효력은 없으나 가등기의무자의 처분권을 제한하는 효력이 있다.

③ 판례는 가등기에 의하여 순위 보전의 대상이 되어 있는 물권변동청구권이 양도된 경우에, 그 가등기상의 권리이전등기를 할 수 없다고 한다.

④ 가등기에 의한 소유권이전의 본등기를 경료하면, 등기관은 그 중간처분등기를 부동산등기법 제29조 제2호 소정의 사건이 등기할 것이 아닌 때에 해당하는 것으로 보아 직권 말소한다. 다라서 가등기에 기한 본등기 시 중간등기를 직권말소 하는 경우에는 통상의 직권말소와는 달리 말소부터 한 후 통지하여야 한다.

⑤ 가등기 이후에 제3취득자가 있는 경우 본등기의무자는 그 제3취득자이다.

44. 가등기 에 기한 본등기에 관한 설명으로 틀린 것은?

① 가등기에 기한 본등기 신청의 등기의무자는 가등기를 할 때의 소유자이며, 가등기 후에 제3자에게 소유권이 이전된 경우에도 가등기의무자는 변동되지 않는다.

② 본등기 신청 시 가등기의 등기필정보의 제공은 요하지 아니하고, 등기의무자의 권리에 관한 등기필정보를 제공하여야 한다.

③ 저당권설정등기청구권보전 가등기에 의한 본등기를 한 경우, 등기관은 가등기 후 본등기 전에 마친 제3자 명의의 부동산용익권 등기를 직권말소 할 수 있다.

④ 가등기된 권리 중 일부지분에 관하여 가등기에 기한 본등기신청을 할 수 있다.

⑤ 가등기권리자가 수인인 경우 1인만의 본등기신청도 가능하다.

45. 에 관한 설명으로 옳은 것은?

① 가등기는 권리의 설정, 이전, 변경 또는 소멸의 청구권을 보전하기 위하여 할 수 있으나, 그 청구권이 장래에 있어서 확정될 것인 때에도 그러하다.

② 가등기에 관해 등기상 이해관계 있는 자는 제3자이고 당사자가 아니므로 가등기명의인의 승낙을 얻어도 단독으로 가등기의 말소를 신청할 수 없다.

③ 가등기명의인이 스스로 가등기의 말소를 신청하는 때에는 가등기의 등기필정보가 아닌 가등기의무자의 권리에 관한 등기필정보를 제공하여야 한다.

④ 가등기 후 본등기 전에 마쳐진 체납처분에 의한 압류등기는 등기관이 직권으로 말소한다.

⑤ 소유권말소청구권가등기도 허용된다.

46. A건물에 대하여 甲이 소유권 이전의 를 2017.3.4.에 하였다. 甲이 위 가등기에 의해 2017.9.18. 소유권이전의 본등기를 한 경우, A건물에 있던 다음 등기 중 직권으로 말소하는 등기는?

① 甲에게 대항할 수 있는 주택임차권에 의해 2017. 7. 4.에 한 주택임차권등기

② 2017. 3. 15. 등기된 가압류에 의해 2017. 7. 5.에 한 강제경매개시결정등기

③ 2017. 2. 5. 등기된 근저당권에 의해 2017. 7. 6.에 한 임의경매개시결정등기

④ 위 가등기상 권리를 목적으로 2017. 7. 7.에 한 가처분등기

⑤ 위 가등기상 권리를 목적으로 2017. 7. 8.에 한 가압류등기

47. **처분제한등기** 에 관한 설명으로 **틀**
린 것은?

① 가압류가 등기된 부동산에 대하여 소유권
이전등기를 신청할 수 있다.

② 등기된 임차권에 대하여 가압류등기를 할
수 있다.

③ 가처분등기에는 피보전권리와 금지사항을
기록하고, 가압류등기에는 청구금액을 기록
한다.

④ 처분금지가처분이 등기된 부동산에 대하여
는 소유권이전등기를 신청할 수 없다.

⑤ 가압류등기의 말소는 촉탁에 의하는 것이
원칙이지만, 직권이나 신청으로 말소되는
경우도 있다.

48. **가처분등기** 에 관하여 **틀린** 것은?

① 소유권에 대한 가처분등기는 주등기로 실
행하고, 소유권 외의 권리에 대한 가처분등
기는 부기등기로 실행한다.

② 처분금지가처분등기가 된 후에도 처분등기
가 가능하다.

③ 승소한 가처분채권자가 판결에 의한 등기
시 가처분 이후의 등기(가처분에 저촉되는
등기)의 말소는 승소한 가처분채권자의 신
청에 의한다.

④ 승소한 가처분채권자가 판결에 의한 등기 시
당해 가처분등기의 말소는 등기관의 직권에
의한다.

⑤ 가처분의 피보전권리가 지상권설정등기청
구권인 경우 그 가처분등기는 을구에 한다.

49. 甲소유인 A토지의 등기부에는 乙의 근저당권설정등기, 丙의 소유권이전등기청구권을 보전하기 위한 **가처분등기** , 丁의 가압류등기, 乙의 근저당권에 의한 임의경매개시결정의 등기가 각기 순차로 등기되어 있다. A토지에 대하여 丙이 甲을 등기의무자로 하여 소유권이전등기를 신청하는 경우에 관한 설명으로 옳은 것은?

① 丁의 가압류등기는 등기관이 직권으로 말소하여야 한다.

② 丁의 가압류등기의 말소를 丙이 단독으로 신청할 수 있다.

③ 丙의 가처분등기의 말소는 丙이 신청하여야 한다.

④ 丙의 가처분등기는 법원의 촉탁에 의하여 말소하여야 한다.

⑤ 丙은 乙의 근저당권에 의한 임의경매개시결정등기의 말소를 신청할 수 있다.

50. **수용등기** 에 관한 설명으로 <u>틀린</u> 것은?

① 국가 또는 지방자치단체가 등기소에 촉탁할 때, 등기권리자인 경우에는 등기의무자의 승낙을 받아야 하고, 등기의무자인 경우에는 등기권리자의 청구에 따라야 한다.

② 수용으로 인한 소유권이전등기는 등기권리자가 단독으로 신청할 수 있다.

③ 수용으로 인한 소유권이전등기를 신청하는 경우에 토지수용위원회의 재결로써 존속이 인정된 권리가 있으면 이에 관한 사항을 신청정보의 내용으로 등기소에 제공하여야 한다.

④ 수용으로 인한 소유권이전등기를 신청하는 경우에는 보상이나 공탁을 증명하는 정보를 신청정보로서 등기소에 제공하여야 한다.

⑤ 등기관이 수용으로 인한 소유권이전등기를 하는 경우 그 부동산의 등기기록 중 소유권, 소유권 외의 권리, 그 밖에 처분제한에 관한 등기가 있으면 그 등기를 직권으로 말소하여야 한다.

<지적편>

51. **토지의 조사 · 등록 및 양입** 에 관한 설명으로 <u>틀린</u> 것은?

① 국토교통부장관은 모든 토지에 대하여 필지별로 소재 · 지번 · 지목 · 면적 · 경계 또는 좌표 등을 조사 · 측량하여 지적공부에 등록하여야 한다.

② 지적공부에 등록하는 지번 · 지목 · 면적 · 경계 또는 좌표는 토지의 이동이 있을 때 토지소유자의 신청을 받아 지적소관청이 결정한다.

③ 지적소관청은 토지의 이동현황을 직권으로 조사 · 측량하여 토지의 지번 · 지목 · 면적 · 경계 또는 좌표를 결정하려는 때에는 토지이동현황조사계획을 수립하여야 하는데, 이 계획은 시·군·구별로 수립하되, 부득이한 사유가 있는 때에는 읍·면·동별로 수립할 수 있다.

④ 지적소관청은 토지이동현황 조사계획에 따라 토지의 이동현황을 조사한 때에는 토지이동조사부에 토지의 이동현황을 적어야 한다.

⑤ 주된 용도(과수원)의 토지가 3,000㎡이고, 종된 용도(유지)의 토지가 330㎡인 경우, 다른 1필지 성립요건을 충족하였다면 양입할 수 있다.

52. **지번** 의 부여 등에 관한 설명으로 <u>틀린</u> 것은?

① 지번은 지적소관청이 지번부여지역별로 북서에서 남동으로 차례대로 부여하며, 이 경우 시도지사나 대도시시장의 승인을 요하지 아니 한다.

② 지적소관청은 지적공부에 등록된 지번을 변경할 필요가 있다고 인정하면 시도지사나 대도시시장의 승인을 받아 지번부여지역의 전부 또는 일부에 대하여 지번을 새로 부여할 수 있다.

③ 지번은 아라비아 숫자로 표기하되, 임야대장 및 임야도에 등록하는 토지의 지번은 숫자 앞에 "산"자를 붙인다.

④ 신규등록 대상토지가 여러 필지로 되어 있는 경우에는 그 지번부여지역의 최종 본번의 다음 순번부터 본번으로 하여 순차적으로 지번을 부여할 수 있다.

⑤ 도시개발사업 등의 공사 준공되기 전에 토지의 합병을 신청하는 때에는 사업 등의 신고 시 제출한 사업계획도에 의하여 지번을 부여할 수 있다.

●●●

53. 에 관한 설명으로 옳은 것은?

① 지번은 지적소관청이 지번부여지역별로 남동에서 북서로 순차적으로 부여한다.

② 지번은 아라비아 숫자로 표기하되, 임야대장 및 임야도에 등록하는 토지의 지번은 숫자 앞에 "임"자를 붙인다.

③ 지번은 본번과 부번으로 구성하되, 본번과 부번 사이에 "-" 또는 "의"로 표시한다.

④ 분할의 경우에는 분할 후의 필지 중 1필지의 지번은 분할 전의 지번으로 하고, 나머지 필지의 지번은 본번의 최종 부번 다음 순번으로 부번을 부여한다.

⑤ 합병의 경우에는 합병 대상 지번 중 후순위의 지번을 그 지번으로 하되, 본번으로 된 지번이 있을 때에는 본번 중 신순위의 지번을 합병 후의 지번으로 한다.

●●●

54. 의 부여 방법에 관한 설명 중 틀린 것은?

① 신규등록의 경우로서 대상토지가 그 지번부여지역안의 최종 지번의 토지에 인접한 경우 그 지번부여지역의 최종 본번의 다음 본번에 부번을 붙여서 부여하여야 한다.

② 등록전환 대상토지가 여러 필지로 되어 있는 경우 그 지번부여지역의 최종 본번의 다음 순번부터 본번으로 하여 순차적으로 지번을 부여할 수 있다.

③ 분할의 경우 분할 후의 필지 중 주거·사무실 등의 건축물이 있는 필지에 대하여는 분할 전의 지번을 우선하여 부여하여야 한다.

④ 합병의 경우 합병 전의 필지에 주거·사무실 등의 건축물이 있는 경우 토지소유자가 건축물이 위치한 지번을 합병 후의 지번으로 신청할 때에는 그 지번을 합병 후의 지번으로 부여하여야 한다.

⑤ 축척변경시행지역안의 필지에 지번을 새로이 부여하는 때에는 도시개발사업 등이 완료됨에 따라 지적확정측량을 실시한 지역 안에서의 지번부여 방법을 준용한다.

●●●

55. 의 연결이 <u>틀린</u> 것은?

① 곡물, 원예작물(과수류 제외), 약초, 뽕나무, 닥나무, 묘목, 관상수, 식용죽순재배지 ⇨ 전

② 수림지, 죽림지, 암석지, 자갈땅, 모래땅, 습지, 황무지 ⇨ 임야

③ 주거, 사무실, 점포, 문화시설(박물관, 극장, 미술관 등)의 부지 ⇨ 대

④ 여객자동차터미널, 폐차장, 공항시설, 항만시설 등의 부지 ⇨ 주차장

⑤ 수영장, 유선장, 낚시터, 어린이놀이터, 동물원, 식물원, 민속촌, 경마장, 야영장
⇨ 유원지

●●●

56. 지목 을 지적도 및 임야도에 등록하는 때에는 부호로 표기하여야 한다. 지목과 부호의 연결이 옳은 것은?

① 유원지 – 유

② 수도용지 – 수

③ 주차장 – 주

④ 목장용지 – 장

⑤ 도로 – 로

●●●

57. 의 구분 기준에 관한 설명으로 옳은 것은?

① 연·왕골 등이 자생하는 배수가 잘되지 아니하는 토지는 '유지'로 한다.

② 천일제염 방식으로 하지 아니하고 동력으로 바닷물을 끌어들여 소금을 제조하는 공장시설물의 부지는 '염전'으로 한다.

③ 자동차 등의 판매 목적으로 설치된 물류장 및 야외전시장은 '주차장'으로 한다.

④ 자동차·선박·기차 등의 제작 또는 정비공장 안에 설치된 급유·송유시설의 부지는 '주유소용지'로 한다.

⑤ 학교용지, 공원, 종교용지 등에 있는 유적, 고적, 기념물을 보호하기 위하여 구획된 토지는 '사적지'로 한다.

●●●

58. 의 구분기준에 관한 설명으로 옳은 것은?

① 택지조성공사가 준공된 토지는 주거용 건축물이 존재하는 것은 아니므로 아직은 지목을 '대'로 할 수 없다.

② 묘지공원은 '묘지', 소류지는 '유지', 향교는 '종교용지', 죽림지는 '임야'이다.

③ 지하에서 석유류 등이 용출되는 용출구와 그 유지에 사용되는 부지는 '주유소용지'로 한다.

④ 물건 등을 보관하거나 저장하기 위하여 독립적으로 설치된 보관시설물의 부지와 이에 접속된 부속시설물의 부지는 '잡종지'로 한다.

⑤ 용수 또는 배수를 위하여 일정한 형태를 갖춘 인공적인 수로·둑 및 그 부속시설물의 부지는 '유지'로 한다.

● ● ●

59. **지목** 에 관하여 올바르게 연결된 것은?

① 곡물 : 답
② 소류지 : 수도용지
③ 여객자동차터미널 : 주차장
④ 문화시설 : 잡종지
⑤ 고속도로 휴게소 : 도로

● ● ●

60. **면적** 에 관한 설명 중 <u>틀린</u> 것은?

① 경위의측량방법으로 세부측량을 한 지역의 필지별 면적측정은 전자면적측정기에 의한다.
② 경계점좌표등록부에 등록하는 지역의 토지면적은 제곱미터 이하 한자리 단위로 결정한다.
③ '면적'이란 지적공부에 등록된 필지의 수평면상의 넓이를 말한다.
④ 미터법의 시행으로 면적을 환산하여 등록하는 경우에는 면적측정을 하지 아니 한다.
⑤ 토지합병을 하는 경우의 면적결정은 합병전의 각 필지의 면적을 합산하여 그 필지의 면적으로 하므로 면적측정을 하지 아니 한다.

61. 경계점좌표등록부를 비치하는 지역의 토지면적 측정결과 234.95㎡가 산출되었다면 토지대장에 등록할 **은?**

① 235㎡
② 234.9㎡
③ 235.0㎡
④ 234㎡
⑤ 234.95㎡

62. 공간정보의 구축 및 관리 등에 관한 법령상 지상 경계 의 위치표시 및 결정 등에 관한 설명으로 틀린 것은?

① 토지의 지상 경계는 둑, 담장이나 그 밖에 구획의 목표가 될 만한 구조물 및 경계점표지 등으로 구분한다.

② 공유수면매립지의 토지 중 제방 등을 토지에 편입하여 등록하는 경우에는 바깥쪽 어깨부분

③ 높낮이의 차이가 있는 토지의 지상 경계의 구획을 형성하는 구조물 등의 소유자가 다른 경우에는 그 구조물의 하단부로 결정한다.

④ 행정기관의 장 또는 지방자치단체의 장이 토지를 취득하기 위하여 분할하려는 경우에는 지상 경계점에 경계점표지를 설치한 후 지적측량을 할 수 있다.

⑤ 도시개발사업 등의 사업시행자가 사업지구의 경계를 결정하기 위하여 토지를 분할하는 경우, 지상 경계는 지상건축물을 걸리게 결정할 수 있다.

63. 공간정보의 구축 및 관리 등에 관한 법령상 지상 경계점에 경계점 **표지** 를 설치한 후 지적측량을 할 수 있는 경우로 <u>틀린</u> 것은?

① 1필지 일부의 형질변경 등으로 용도가 변경된 경우로서 분할하려는 경우

② 토지이용상 불합리한 지상경계를 시정하기 위하여 토지를 분할하려는 경우

③ 매매 등을 위하여 토지를 분할하려는 경우

④ 법원의 확정판결에 의하여 토지를 분할하려는 경우

⑤ 행정기관의 장 또는 지방자치단체의 장이 토지를 취득하기 위하여 분할하려는 경우

64. **지적공부** 의 관리 등에 관하여 <u>틀린</u> 것은?

① 지적소관청은 해당 청사에 지적서고를 설치하고 그 곳에 지적공부(정보처리시스템을 통하여 기록·저장한 경우는 제외한다)를 영구히 보존하여야 한다.

② 지적공부를 정보처리시스템을 통하여 기록·저장한 경우 관할 시도지사, 시장·군수 또는 구청장은 그 지적공부를 지적정보관리체계에 영구히 보존하여야 한다.

③ 지적소관청은 지적공부의 효율적인 관리 및 활용을 위하여 지적정보 전담 관리기구를 설치·운영한다.

④ 지적정보 전담 관리기구에서 관리하고 있는 토지관련자료에는 주민등록전산자료, 가족관계등록전산자료, 공시지가전산자료, 부동산등기전산자료가 있다.

⑤ 지적공부의 열람과 발급은 지적소관청 또는 읍·면·동의 장에게 신청할 수 있다. 이는 부동산종합공부의 경우에도 같다.

65. **지적서고** 에 관한 설명으로 **틀린** 것은?

① 지적서고는 지적사무를 처리하는 사무실과 연접하여 설치하여야 한다.

② 골조는 철근콘크리트 이상의 강질로 하고, 바닥과 벽, 창문과 출입문을 이중으로 하여야 한다.

③ 온도 및 습도의 자동조절장치를 설치하고, 연중평균온도는 섭씨 25±5도를, 연중평균습도는 60±5퍼센트를 유지하여야 한다.

④ 지적서고는 제한구역으로 지정하고, 출입자를 지적사무담당공무원으로 한정하고, 지적서고에는 인화물질의 반입을 금지하며, 지적공부·지적관계서류 및 지적측량장비만 보관하여야 한다.

⑤ 지적공부 보관상자는 벽으로부터 15센티미터 이상 띄워야 하며, 높이 10센티미터 이상의 깔판 위에 올려놓아야 한다.

66. **토지대장 및 임야대장** 의 등록사항에 해당되는 것을 모두 고른 것은?

> ㄱ. 지목
>
> ㄴ. 면적
>
> ㄷ. 표준지공시지가
>
> ㄹ. 소유자의 성명 또는 명칭
>
> ㅁ. 대지권 비율
>
> ㅂ. 토지이동사유
>
> ㅅ. 개별공시지가
>
> ㅇ. 경계 또는 좌표

① ㄱ, ㄴ, ㄷ, ㄹ, ㅂ

② ㄱ, ㄴ, ㄷ, ㄹ, ㅅ

③ ㄱ, ㄴ, ㄹ, ㅁ, ㅇ

④ ㄱ, ㄴ, ㄷ, ㄹ, ㅁ

⑤ ㄱ, ㄴ, ㄹ, ㅂ, ㅅ

67. **지적도 및 임야도** 의 등록사항만으로 나열된 것은?

① 지번, 경계, 건축물 및 구조물 등의 위치, 삼각점 및 지적기준점의 위치

② 지목, 도곽선과 그 수치, 토지의 고유번호, 건축물 및 구조물 등의 위치

③ 토지의 소재, 지번, 토지의 고유번호, 삼각점 및 지적기준점의 위치

④ 지목, 부호 및 부호도, 도곽선과 그 수치, 토지의 고유번호

⑤ 토지의 소재, 지번, 건축물의 번호, 삼각점 및 지적기준점의 위치

68. 다음 **지적도** 에 관한 설명으로 틀린 것은?

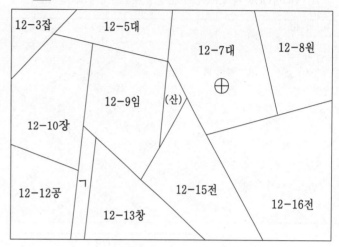

① 지적도의 도면번호는 제15호이다.

② 12-7에 제도된 "⊕"은 지적삼각점 위치의 표시이다.

③ 12-10의 지목은 공장용지이다.

④ (산)으로 표기된 토지는 임야대장등록지이다.

⑤ 12-9의 동쪽 경계는 0.2㎜ 폭으로 제도한다.

●●●

69. 경계점 등록부를 갖춰두는 지역의 지적도가 아래와 같은 경우 이에 관한 설명으로 옳은 것은?

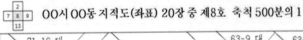

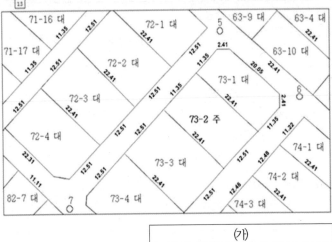

① 73-2의 경계선상에 등록된 '22.41'은 도면에 의하여 계산된 경계점 간의 거리를 나타낸다.

② 73-2에 대한 면적측정은 전자면적측정기에 의한다.

③ 73-2에 대한 경계복원측량은 본 도면으로 실시하여야 한다.

④ 도곽선의 오른쪽 아래 끝 (가) 부분에 "이 도면에 의하여 측량을 할 수 없음"이라고 기록되어 있다.

⑤ 73-2에 대한 토지면적은 경계점좌표등록부에 등록한다.

●●●

70. 공간정보의 구축 및 관리 등에 관한 법령상 경계점 좌표 등록부의 등록사항으로 옳은 것만 나열한 것은?

① 지번, 토지의 이동사유

② 면적, 도면번호

③ 경계, 소재

④ 부호 및 부호도, 장번호

⑤ 토지의 고유번호, 소유자의 성명 또는 명칭

71. **지적전산자료** 의 이용·활용에 관하여 틀린 것은?

① 지적전산자료를 이용하거나 활용하려는 자는 국토교통부장관, 시도지사 또는 지적소관청에 지적전산자료를 신청하여야 한다.

② 지적전산자료를 신청하려는 자는 미리 관계 중앙행정기관의 심사를 받아야 한다.

③ 전국단위의 지적전산자료를 이용하고자 하는 자는 국토교통부장관의 승인을 받아야 한다.

④ 중앙행정기관의 장, 그 소속기관의 장 또는 지방자치단체의 장은 관계 중앙행정기관의 심사를 받지 아니한다.

⑤ 자기 토지이거나, 상속인이거나, 개인정보를 제외한 경우에는 관계 중앙행정기관의 심사를 받지 아니할 수 있다.

72. **부동산종합공부** 에 관한 설명으로 틀린 것은?

① 지적소관청은 부동산의 효율적 이용과 부동산과 관련된 정보의 종합적 관리·운영을 위하여 부동산종합공부를 관리·운영한다.

② 지적소관청은 부동산 종합공부를 영구히 보존하여야 하며, 멸실 또는 훼손에 대비하여 이를 별도로 복제하여 관리하는 정보관리체계를 구축하여야 한다.

③ 지적소관청은 부동산종합공부의 불일치 등록사항에 대하여는 등록사항을 확인 및 관리하고, 등록사항을 관리하는 기관의 장에게 그 내용을 통지하여야 한다.

④ 토지소유자는 부동산종합공부의 토지의 표시에 관한 사항의 등록사항에 잘못이 있음을 발견하면 지적소관청이나 읍·면·동의 장에게 그 정정을 신청할 수 있다.

⑤ 부동산종합공부를 열람하거나 부동산종합공부 기록사항의 전부 또는 일부에 관한 증명서를 발급받으려는 자는 지적소관청이나 읍·면·동의 장에게 신청할 수 있다.

73. 에 관한 설명으로 틀린 것은?

① 지적소관청은 토지의 이동에 따라 지상 경계를 새로 정한 경우에는 지상경계점등록부를 작성·관리하여야 한다.

② 지상경계점등록부를 갖춰 두는 토지는 지적확정측량 또는 축척변경을 위한 측량을 실시하여 경계점을 좌표로 등록한 지역의 토지로 한다.

③ 지상경계점등록부에는 경계점의 소재, 지번, 좌표(있을 때), 위치설명도와 사진파일을 등록한다.

④ 지상경계점등록부에는 공부상 지목과 실제 토지이용 지목을 등록한다.

⑤ 지상경계점등록부에는 경계점표지의 종류 및 경계점 위치를 등록한다.

74. 공간정보의 구축 및 관리 등에 관한 법령상 지적소관청은 토지의 이동 등으로 토지의 표시 변경에 관한 등기를 할 필요가 있는 경우에는 지체 없이 관할 등기관서에 그 등기를 촉탁하여야 한다.

 대상이 아닌 것은?

① 지번부여지역의 전부 또는 일부에 대하여 지번을 새로 부여한 경우

② 바다로 된 토지의 등록을 말소한 경우

③ 하나의 지번부여지역에 서로 다른 축척의 지적도가 있어 축척을 변경한 경우

④ 지적소관청이 신규등록하는 토지의 소유자를 직접 조사하여 등록한 경우

⑤ 지적소관청이 직권으로 조사·측량하여 지적공부의 등록사항을 정정한 경우

75. 등록전환 에 관한 설명으로 틀린 것은?

① 토지소유자는 등록전환할 토지가 있으면 그 사유가 발생한 날부터 60일 이내에 지적소관청에 등록전환을 신청하여야 한다.

② 산지관리법, 건축법 등 관계 법령에 따른 개발행위허가 등을 받은 토지는 등록전환을 신청할 수 있다.

③ 임야도에 등록된 토지가 사실상 형질변경되었으나 지목변경을 할 수 없는 경우에도 등록전환을 신청할 수 있다.

④ 지적소관청은 등록전환에 따라 지적공부를 정리한 경우, 지체 없이 관할 등기관서의 토지의 표시 변경에 관한 등기를 촉탁하여야 한다.

⑤ 등록전환에 따른 면적을 정할 때 임야대장의 면적과 등록전환될 면적의 차이가 오차의 허용범위 이내인 경우, 임야대장의 면적을 등록전환 면적으로 결정한다.

76. 다음 중 분할 의 대상인 경우는?

① 1필지의 전부를 소유권이전하려 할 때

② 토지이용상 불합리한 지상경계를 시정하기 위한 경우

③ 지적공부에 등록된 1필지의 전부가 형질변경 등으로 용도가 다르게 된 때

④ 건축물의 용도가 변경된 경우

⑤ 국토의 계획 및 이용에 관한 법률 등 관계법령에 의한 토지의 형질변경 등의 공사가 준공된 경우

77. 甲이 자신의 소유인 A토지와 B토지를 **합병** 하여 합필등기를 신청하고자 한다. 합필등기를 신청할 수 <u>없는</u> 사유에 해당하는 것은?(단, 이해관계인의 승낙은 없는 것으로 본다)

① A토지에 乙의 가압류등기, B토지에 丙의 가압류등기가 있는 경우

② A, B토지 모두에 등기원인 및 그 연월일과 접수번호가 동일한 乙의 전세권등기가 있는 경우

③ A, B토지 모두에 등기원인 및 그 연월일과 접수번호가 동일한 乙의 저당권등기가 있는 경우

④ A토지에 乙의 지상권등기, B토지에 丙의 지상권등기가 있는 경우

⑤ A토지에 乙의 전세권등기, B토지에 丙의 전세권등기가 있는 경우

●●

78. 바다로 된 토지의 **등록말소** 에 관하여 옳은 것은?

① 지적소관청은 지적공부에 등록된 토지가 일시적인 지형의 변화 등으로 바다로 된 경우에는 공유수면의 관리청에 지적공부의 등록말소 신청을 하도록 통지하여야 한다.

② 지적소관청은 등록말소 신청 통지를 받은 자가 통지를 받은 날부터 60일 이내에 등록말소 신청을 하지 아니하면 직권으로 그 지적공부의 등록사항을 말소하여야 한다.

③ 지적소관청이 직권으로 등록말소를 할 경우에는 시·도지사의 승인을 받아야 하며, 시·도지사는 그 내용을 승인하기 전에 토지소유자의 의견을 청취하여야 한다.

④ 지적소관청은 말소한 토지가 지형의 변화 등으로 다시 토지가 된 경우에는 그 지적측량 성과 및 등록말소 당시의 지적공부 등 관계 자료에 따라 토지로 회복등록을 할 수 있다.

⑤ 지적소관청이 지적공부의 등록사항을 말소하거나 회복등록하였을 때에는 그 정리 결과를 시·도지사 및 행정안전부장관에게 통지하여야 한다.

79. 축척변경 의 절차로 옳은 것은?

① 동의 ⇨ 의결 ⇨ 승인 ⇨ 시행공고 ⇨ 경계점표지설치 ⇨ 지번별조서 ⇨ 청산 ⇨ 확정공고 ⇨ 지적정리 ⇨ 등기촉탁

② 동의 ⇨ 의결 ⇨ 승인 ⇨ 시행공고 ⇨ 경계점표지설치 ⇨ 지번별조서 ⇨ 청산 ⇨ 지적정리 ⇨ 등기촉탁 ⇨ 확정공고

③ 시행공고 ⇨ 동의 ⇨ 의결 ⇨ 승인 ⇨ 경계점표지설치 ⇨ 지번별조서 ⇨ 청산 ⇨ 확정공고 ⇨ 지적정리 ⇨ 등기촉탁

④ 시행공고 ⇨ 동의 ⇨ 의결 ⇨ 승인 ⇨ 경계점표지설치 ⇨ 지번별조서 ⇨ 청산 ⇨ 지적정리 ⇨ 등기촉탁 ⇨ 확정공고

⑤ 동의 ⇨ 의결 ⇨ 승인 ⇨ 경계점표지설치 ⇨ 시행공고 ⇨ 지번별조서 ⇨ 청산 ⇨ 확정공고 ⇨ 지적정리 ⇨ 등기촉탁

80. 축척변경 에 관하여 틀린 것은?

① 청산금의 납부 및 지급이 완료된 때에는 지적소관청은 지체 없이 축척변경의 확정공고를 하여야 하며, 확정공고일에 토지의 이동이 있는 것으로 본다.

② 청산금의 납부고지 또는 수령통지된 청산금에 관하여 이의가 있는 자는 납부고지 또는 수령통지를 받은 날부터 60일 이내에 지적소관청에 이의신청을 할 수 있다.

③ 축척변경시행지역 안의 토지소유자 또는 점유자는 시행공고가 있는 날부터 30일 이내에 시행공고일 현재 점유하고 있는 경계에 경계점표지를 설치하여야 한다.

④ 지적소관청은 청산금의 결정을 공고한 날부터 20일 이내에 토지소유자에게 청산금의 납부고지 또는 수령통지를 하여야 한다.

⑤ 청산금의 납부고지를 받은 자는 그 고지를 받은 날부터 6개월 이내에 청산금을 지적소관청에 납부하여야 한다.

81. 다음 중 지적소관청이 직권정정 할 수 있는 경우가 <u>아닌</u> 것은?

① 지적공부의 등록사항이 잘못 입력된 경우
② 미등기토지의 토지소유자표시의 정정의 경우
③ 토지이동정리결의서의 내용과 다르게 정리된 경우
④ 지적공부의 작성 또는 재작성 당시 잘못 정리된 경우
⑤ 지적도 및 임야도에 등록된 필지가 면적의 증감 없이 경계의 위치만 잘못된 경우

82. 다음 중 지적소관청이 직권정정 할 수 있는 경우가 <u>아닌</u> 것은?

① 지적공부의 작성 또는 재작성 당시 잘못 정리된 경우
② 지적측량성과와 다르게 정리된 경우
③ 면적환산을 잘못한 경우
④ 면적의 증감없이 경계의 위치만 잘못 등록된 경우
⑤ 토지이용계획서의 내용과 다르게 정리된 경우

83. 지적공부의 등록사항정정에 관하여 틀린 것은?

① 지적공부의 등록사항정정은 사유재산권의 침해가 될 수 있으므로 토지소유자의 신청에 의하여만 할 수 있고, 지적소관청이 직권으로 하여서는 아니 된다.

② 토지소유자가 경계나 면적의 변경을 가져오는 등록사항에 대한 정정신청을 하는 때에는 정정사유를 기록한 신청서에 등록사항정정 측량성과도를 첨부하여 지적소관청에 제출하여야 한다.

③ 토지소유자의 신청에 의한 정정으로 인접토지의 경계가 변경되는 경우에는 인접 토지소유자의 승낙서나 인접 토지소유자가 승낙하지 아니하는 경우에는 이에 대항할 수 있는 확정판결서 정본을 지적소관청에 제출하여야 한다.

④ 등기된 토지의 지적공부 등록사항정정 내용이 토지소유자의 표시에 관한 사항인 경우 등기필증, 등기완료통지서, 등기사항증명서 또는 등기관서에서 제공한 등기전산정보자료에 의하여 정정하여야 한다.

⑤ 미등기 토지의 소유자 성명에 관한 사항으로서 명백히 잘못 기록된 경우에는 가족관계 기록사항에 관한 증명서에 의하여 토지소유자가 정정을 신청할 수 있다.

84. 지적공부의 등록사항정정에 관하여 틀린 것은?

① 지적소관청은 토지의 표시가 잘못되었음을 발견하였을 때에는 지체 없이 등록사항 정정에 필요한 서류와 등록사항 정정 측량성과도를 작성하고, 토지이동정리 결의서를 작성한 후 대장의 사유란에 "등록사항정정 대상토지"라고 적고, 토지소유자에게 등록사항 정정 신청을 할 수 있도록 그 사유를 통지하여야 한다.

② 지적소관청이 직권으로 등록사항을 정정할 수 있는 경우에도 토지소유자에게 통지를 하여야 한다.

③ 등록사항 정정 대상토지에 대한 대장을 열람하게 하거나 등본을 발급하는 때에는 "등록사항 정정 대상토지"라고 적은 부분을 흑백의 반전(反轉)으로 표시하거나 붉은색으로 적어야 한다.

④ 잘못 표시된 사항의 정정을 위한 지적측량은 정지시킬 수 없다.

⑤ 경계나 면적 등 측량을 수반하는 토지의 표시가 잘못된 경우에는 지적소관청은 그 정정이 완료될 때까지 지적측량을 정지시킬 수 있다.

85. **토지이동신청 및 지적정리** 등에 관하여 **틀린** 것은?

① 합병하고자 하는 토지의 소유자별 공유지분이 다르거나 소유자의 주소가 서로 다른 경우 토지소유자는 합병을 신청할 수 없다.

② 소유권이전과 매매 그리고 토지이용상 불합리한 지상경계를 시정하기 위한 경우 토지소유자는 분할을 신청할 수 있다.

③ 국토의 계획 및 이용에 관한 법률 등 관계법령에 의한 토지의 형질변경 등의 공사가 준공된 경우 토지소유자는 등록전환을 신청할 수 있다.

④ 지적공부의 등록사항이 토지이동정리결의서의 내용과 다르게 정리된 경우 지적소관청이 직권으로 조사·측량하여 정정할 수 있다.

⑤ 바다로 되어 등록이 말소된 토지가 지형의 변화 등으로 다시 토지로 된 경우 지적소관청은 회복등록을 할 수 있다.

86. **지적공부의 정리**에 관한 다음 설명 중 **틀린** 것은?

① 지적소관청은 토지의 이동이 있는 경우 지적공부를 정리하여야 한다. 이 경우 이미 작성된 지적공부에 정리할 수 없을 때에는 새로 작성하여야 한다.

② 지적소관청은 토지이동의 경우에는 토지이동정리 결의서를 작성하여야 하고, 토지소유자 변동의 경우에는 소유자정리 결의서를 작성하여야 한다.

③ 토지이동정리 결의서의 작성은 토지대장·임야대장 또는 경계점좌표등록부별로 구분하지 않고 작성하되, 토지이동정리 결의서에는 토지이동신청서 또는 도시개발사업 등의 완료 신고서 등을 첨부하여야 한다.

④ 소유자정리 결의서의 작성을 위하여 등기필증, 등기부 등본 또는 그밖에 토지소유자가 변경되었음을 증명하는 서류를 첨부하여야 한다.

⑤ 행정정보의 공동이용을 통하여 첨부서류에 대한 정보를 확인할 수 있는 경우에는 그 확인으로 첨부서류를 갈음할 수 있다.

87. 지적상 등기촉탁 에 대한 설명 중 틀린 것은?

① 토지의 소재, 지번, 지목, 경계, 면적, 소유자 등을 변경 정리한 경우에 지적소관청이 관할 등기관서에 등기를 요구하는 것을 말한다.

② 신규등록을 제외한 합병, 토지분할, 지번변경 은 등기촉탁 대상이다.

③ 지적공부상 토지소유자정리의 경우에는 등기 촉탁을 하지 아니한다.

④ 지적소관청의 등기촉탁은 국가가 국가를 위 하여 하는 등기로 본다.

⑤ 축척변경을 한 경우, 등록사항을 정정한 경 우, 행정구역개편으로 새로이 지번을 부여한 경우에도 등기촉탁 대상이다.

88. 토지이동 및 지적정리 등에 관하여 틀린 것은?

① 지적소관청은 분할·합병에 따른 사유로 토지 의 표시변경에 관한 등기를 할 필요가 있는 경우 지체 없이 관할 등기관서에 그 등기를 촉탁하여야 한다.

② 지적소관청은 등록전환으로 인하여 토지의 표시에 관한 등기를 할 필요가 있는 경우 그 등기완료통지서를 접수한 날부터 15일 이내 에 해당 토지소유자에게 지적정리를 통지하 여야 한다.

③ 지적소관청은 지적공부를 복구하였으나 지적 공부 정리내용을 통지받을 자의 주소나 거 소를 알 수 없는 경우에는 일간신문, 해당 시·군·구의 공보 또는 인터넷홈페이지에 공 고하여야 한다.

④ 지적소관청은 토지의 표시에 관한 변경등기 가 필요하지 아니한 경우 지적정리의 통지는 지적공부에 등록한 날부터 15일 이내에 토지 소유자에게 하여야 한다.

⑤ 지적공부에 등록된 토지가 바다가 되어 등록 을 말소한 경우에도 관할 등기관서에 그 등 기를 촉탁하여야 한다.

89. 지적측량 에 관하여 옳은 것은?

① 지적기준점측량의 절차는 계획의 수립, 준비 및 관측, 선점 및 조표, 현지답사 및 계산과 성과표의 작성 순서에 따른다.

② 지적측량수행자가 지적측량 의뢰를 받은 때에는 지적측량수행계획서를 지체 없이 지적소관청에 제출하여야 한다.

③ 경계복원측량은 지상건축물 등의 현황을 지적도 및 임야도에 등록된 경계와 대비하여 표시하는 데에 필요한 경우 실시한다.

④ 지적측량수행자는 지적측량 의뢰를 받으면 지적측량을 하여 그 측량성과를 결정하여야 한다.

⑤ 공간정보의 구축 및 관리 등에 관한 법률에 따른 지적재조사사업에 따라 토지의 이동이 있는 경우의 측량을 지적재조사측량이라 한다.

90. 지적측량 에 관하여 틀린 것은?

① 지적현황측량은 지상건축물 등의 현황을 지적도면에 등록된 경계와 대비하여 표시하기 위해 실시하는 측량을 말한다.

② 지적측량수행자는 지적측량의뢰가 있는 경우 지적측량을 실시하여 그 측량성과를 결정하여야 한다.

③ 지적측량수행자가 경계복원측량을 실시한 때에는 시도지사나 대도시시장 또는 지적소관청에게 측량성과에 대한 검사를 받아야 한다.

④ 지적측량은 기초측량 및 세부측량으로 구분하며, 측판측량, 전자측판측량, 경위의측량, 전파기 또는 광파기측량, 사진측량 및 위성측량 등의 방법에 의한다.

⑤ 지적측량은 토지를 지적공부에 등록하거나 지적공부에 등록된 경계점을 지상에 복원할 목적으로 지적소관청 또는 지적측량수행자가 각 필지의 경계 또는 좌표와 면적을 정하는 측량으로 한다.

91. 지적기준점성과 와 그 측량기록의 보관 및 열람 등에 관한 설명으로 틀린 것은?

① 시·도지사나 지적소관청은 지적기준점성과와 그 측량기록을 보관하여야 한다.

② 지적삼각점성과를 열람하거나 등본을 발급받으려는 자는 시·도지사에게 신청하여야 한다.

③ 지적삼각보조점성과를 열람하거나 등본을 발급받으려는 자는 지적소관청에 신청하여야 한다.

④ 지적도근점성과를 열람하거나 등본을 발급받으려는 자는 지적소관청에 신청하여야 한다.

⑤ 지적기준점성과의 열람 및 등본 발급 신청을 받은 시·도지사나 지적소관청은 이를 열람하게 하거나 등본을 발급하여야 한다.

92. 토지소유자 甲은 1필지에 대한 분할측량을 한국국토정보공사에 의뢰하였다. 지적기준점을 24점을 설치하여 측량을 실시한 경우 측량기간 은?

① 9일
② 10일
③ 11일
④ 12일
⑤ 13일

93. **지적측량의 절차** 등에 관한 설명으로 **틀린** 것은?

① 토지소유자는 토지를 분할하는 경우로서 지적측량을 할 필요가 있는 경우에는 지적측량수행자에게 지적측량을 의뢰하여야 한다.

② 지적측량을 의뢰하려는 자는 지적측량 의뢰서(전자문서로 된 의뢰서를 포함한다)에 의뢰 사유를 증명하는 서류(전자문서를 포함한다)를 첨부하여 지적측량수행자에게 제출하여야 한다.

③ 지적측량수행자는 지적측량 의뢰를 받은 때에는 측량기간, 측량일자 및 측량 수수료 등을 적은 지적측량 수행계획서를 그 다음 날까지 지적소관청에 제출하여야 한다.

④ 지적기준점을 설치하지 않고 측량 또는 측량검사를 하는 경우 지적측량의 측량기간은 4일, 측량검사기간은 5일을 원칙으로 한다.

⑤ 지적측량 의뢰인과 지적측량수행자가 서로 합의하여 따로 기간을 정하는 경우에는 그 기간에 따르되, 전체 기간의 4분의 3은 측량기간으로, 전체 기간의 4분의 1는 측량검사기간으로 본다.

94. 공간정보의 구축 및 관리 등에 관한 법령에 따라 지적 측량의뢰인과 지적측량수행자가 서로 합의하여 토지의 분할을 위한 측량기간과 측량검사기간을 합쳐 24일로 정하였다. 측량 **검사기간** 은?
(단, 지적기준점의 설치가 필요 없는 지역임)

① 5일
② 6일
③ 10일
④ 12일
⑤ 18일

95. **지적위원회** 에 관한 설명 중 <u>틀린</u> 것은?

① 국토교통부에 중앙지적위원회, 시·도에 지방지적위원회를 둔다.

② 지방지적위원회는 지적측량 적부심사청구사항을 심의·의결한다.

③ 위원장 및 부위원장을 제외한 위원의 임기는 2년으로 한다.

④ 간사는 위원 중에서 호선한다.

⑤ 위원장·부위원장 각 1인 포함 5명 이상 10명 이내로 구성한다.

96. **지적위원회와 축척변경위원회** 를 비교한 내용이다. 옳은 것은?

① 양(兩) 위원회는 모두 5~10명의 위원으로 구성하고, 위원장은 모두 지적소관청이 지명한다.

② 지적위원회는 상설기관이어서 위원장과 부위원장을 포함하여 모든 위원이 임기가 있고 간사가 있으나, 축척변경위원회는 임시기관이어서 임기를 논하지 않고 간사도 두지 아니 한다.

③ 축척변경위원회는 위원의 과반을 토지소유자로 하되 토지소유자가 5명 이하인 경우에는 전원을 위원으로 위촉하여야 한다.

④ 양 위원회의 위원에게는 예산의 범위에서 출석수당과 여비, 그 밖의 실비를 지급할 수 있다. 다만, 공무원인 위원이 그 소관 업무와 직접적으로 관련되어 출석하는 경우에는 그러하지 아니하다.

⑤ 양 위원회의 회의는 위원장 포함 재적 위원의 과반의 출석으로 개의하고, 출석 위원의 과반의 찬성으로 의결한다.

97. **중앙지적위원회** 의 구성 및 회의 등에 관한 설명으로 <u>틀린</u> 것은?

① 위원장은 국토교통부의 지적업무 담당 국장이, 부위원장은 국토교통부의 지적업무 담당 과장이 된다.

② 중앙지적위원회는 관계인을 출석하게 하여 의견을 들을 수 있으며, 필요하면 현지조사를 할 수 있다.

③ 중앙지적위원회는 위원장 1명과 부위원장 1명을 포함하여 5명 이상 10 이하의 위원으로 구성한다.

④ 중앙지적위원회의 회의는 재적위원 과반수의 출석으로 개의(開議)하고, 출석위원 과반수의 찬성으로 의결한다.

⑤ 위원장이 중앙지적위원회의 회의를 소집할 때에는 회의 일시·장소 및 심의 안건을 회의 5일 전까지 각 위원에게 구두 또는 서면으로 통지하여야 한다.

98. **지적위원회 및 지적측량적부심사** 등에 대한 설명으로 <u>틀린</u> 것은?

① 중앙지적위원회는 지적기술자의 업무정지 처분 및 징계요구에 관한 사항을 심의·의결을 할 수 있으며 국토교통부에 둔다.

② 지적측량적부심사청구사항의 심의·의결을 위하여 시도에 지방지적위원회를 둔다.

③ 중앙지적위원회의 위원장이 위원회의 회의를 소집하는 때에는 회의일시·장소 및 심의안건을 회의 5일 전까지 각 위원에게 서면으로 통지해야 한다.

④ 지적측량의 성과에 대하여 불복하는 자는 관할 시·도지사를 거쳐 지방지적위원회에 지적측량 적부심사를 청구할 수 있다.

⑤ 의결서를 받은 자가 지방지적위원회의 의결에 불복하는 경우에는 그 의결서를 받은 날부터 90일 이내에 국토교통부장관에게 직접 재심사를 청구할 수 있다.

99. 　지적측량 적부심사 에 관하여 틀린 것은?

① 지적측량 적부심사청구를 받은 시·도지사는 30일 이내에 지방지적위원회에 회부하여야 한다.

② 지적측량 적부심사청구를 회부받은 지방지적위원회는 그 심사청구를 회부받은 날부터 60일 이내에 심의·의결하여야 한다.

③ 지적위원회는 부득이한 경우에는 심의기간을 시도지사의 승인을 받아 30일 이내에서 한 번만 연장할 수 있다.

④ 지방지적위원회는 지적측량 적부심사를 의결하였으면 의결서를 작성하여 시·도지사에게 송부하여야 한다.

⑤ 의결서를 받은 자가 지방지적위원회의 의결에 불복하는 경우에는 그 의결서를 받은 날부터 90일 이내에 국토교통부장관을 거쳐 중앙지적위원회에 재심사를 청구할 수 있다.

100. 공간정보의 구축 및 관리 등에 관한 법령상 지적측량성과에 대하여 다툼이 있는 경우에 관할 시·도지사를 거쳐 지방지적위원회에 　지적측량 적부심사 를 청구할 수 있는 주체가 아닌 것은?

① 토지소유자
② 이해관계인
③ 지적소관청
④ 한국국토정보공사
⑤ 지적측량업자

1	2	3	4	5
③	③	①	⑤	④

6	7	8	9	10
④	②	③	①	③

11	12	13	14	15
⑤	⑤	④	③	⑤

16	17	18	19	20
⑤	③	⑤	⑤	⑤

21	22	23	24	25
④	④	③	②	②

26	27	28	29	30
④	②	①	②	③

31	32	33	34	35
④	①	①	③	③

36	37	38	39	40
④	②	⑤	③	③

41	42	43	44	45
①	⑤	④	③	①

46	47	48	49	50
②	④	⑤	②	④

51	52	53	54	55
⑤	⑤	④	①	④

56	57	58	59	60
②	①	②	⑤	①

61	62	63	64	65
③	③	①	③	③

66	67	68	69	70
⑤	①	⑤	④	④

71	72	73	74	75
③	④	②	④	⑤

76	77	78	79	80
②	①	④	①	②

81	82	83	84	85
②	⑤	①	②	③

86	87	88	89	90
③	①	④	④	③

91	92	93	94	95
②	④	④	②	④

96	97	98	99	100
④	⑤	⑤	③	③

강의 motto
"시험에 딱 필요한 것만"

- 스티브섭스 임의섭 -

[약력]

건국대학교 법과대학 법학과 졸업

경력) 강남박문각. 목동박문각. 평택박문각. 천안박문각. 병점박문각. 화서박문각. 청주박문각. 동탄행정고시학원. 시흥배곧공인중개사학원. 천안랜드공인중개사학원. 랜드스쿨 강남본원. 랜드스쿨 목동본원. 랜드스쿨 부천본원. 랜드스쿨 평택본원. 대전현대고시학원. 한양공인중개사학원 등
(사단법인) 한국자격진흥협회 전임교수
RTN 부동산TV
MTN 머니투데이방송
방송대학TV

[저서]

부동산공시법령 [최종요약집] (박문각, 2022~2024)

부동산공시법령 [최종모의고사] (박문각, 2017~2024)

부동산공시법령 [필수서(요약집)] (박문각, 2016~2024)

부동산공시법령 [테마기출문제집] (박문각, 2018~2024)

부동산공시법령 [단기완성30DAYS핵심요약집] (박문각, 2018~2021)

부동산공시법령 [2차핵심기출문제집] (박문각, 2018~2020)

부동산공시법령 [기본서] (랜드스쿨, 2007~2016)

부동산공시법령 [문제풀이집] (랜드스쿨, 2007~2009)

부동산공시법령 [입문서] (랜드스쿨, 2007~2009) (박문각, 2021)

합기공 [단기속성] (랜드스쿨, 공저 2008)

부동산공시법령 [최종모의고사] (랜드스쿨, 2007, 2014~2016)

부동산공시법 [기본서] (도서출판 예응, 2006)

부동산공시법령 [기본서] (상명출판사, 공저 2004,2005)

부동산공시법령 [적중예상문제집] (상명출판사, 공저 2004,2005)

[자료와 영상] "스티브섭스"로 검색

• **Naver Blog**

• **Naver Band**

• **YouTube**

제35회 공인중개사 시험대비 **전면개정판**

2024 박문각 공인중개사
임의섭 파이널 패스 100선 2차 부동산공시법령

초판인쇄 | 2024. 8. 5.　**초판발행** | 2024. 8. 10.　**편저** | 임의섭 편저
발행인 | 박 용　**발행처** | (주)박문각출판　**등록** | 2015년 4월 29일 제2019-000137호
주소 | 06654 서울시 서초구 효령로 283 서경 B/D 4층　**팩스** | (02)584-2927
전화 | 교재 주문 (02)6466-7202, 동영상문의 (02)6466-7201

저자와의
협의하에
인지생략

정가 20,000원
ISBN 979-11-7262-161-2